JN193123

Macrame Accessories and Bags

マクラメレース 結びのデザイン

松田紗和

文化出版局

はじめに、私にとって2冊目の本を、
こうしてお届けできることをとてもうれしく思います。

マクラメレースは、糸を手で結び、形や模様を表現する技法で、
私は、クラシックレースの課程の中で学びました。
レース糸でアクセサリーを作り始めたのが、作家としてのスタートでしたが、
最近は、コットンのロープなどを使ってインテリア作品を作ることもあり、
「ボリュームのあるものもおもしろい」
「繊細なだけでなく、荒々しいネイティブな味もいい」
「太い糸を使っても、私らしさを表現できる」
と感じるようになってきました。

この本でも、その経験から思いついたことをいろいろな作品にしています。
ロープのゴツゴツした感じがおもしろくて、
もっと太い糸を探したり、たこ糸で試したレーシーなパターンが、
土器のような仕上りになって意外だったり、
ふっくらしたボリュームを出すための
糸の撚りをほどく作業そのものが楽しくなってしまったり。
ブローチなどのアクセサリーも、
少しざっくりとした風合いのたこ糸で作ると、
シックな雰囲気を残しながら、
より素朴でさっぱりしたいい表情になりました。
そんな実験と発見を繰り返してできた作品は、
作っていく過程も、
楽しんでもらえるものになったと思います。
ぜひ、じっくりと糸と向き合う時間を味わってみてください。

松田紗和

CONTENTS

Macrame Samplers

この本の作品に使用した結びのサンプラーです。

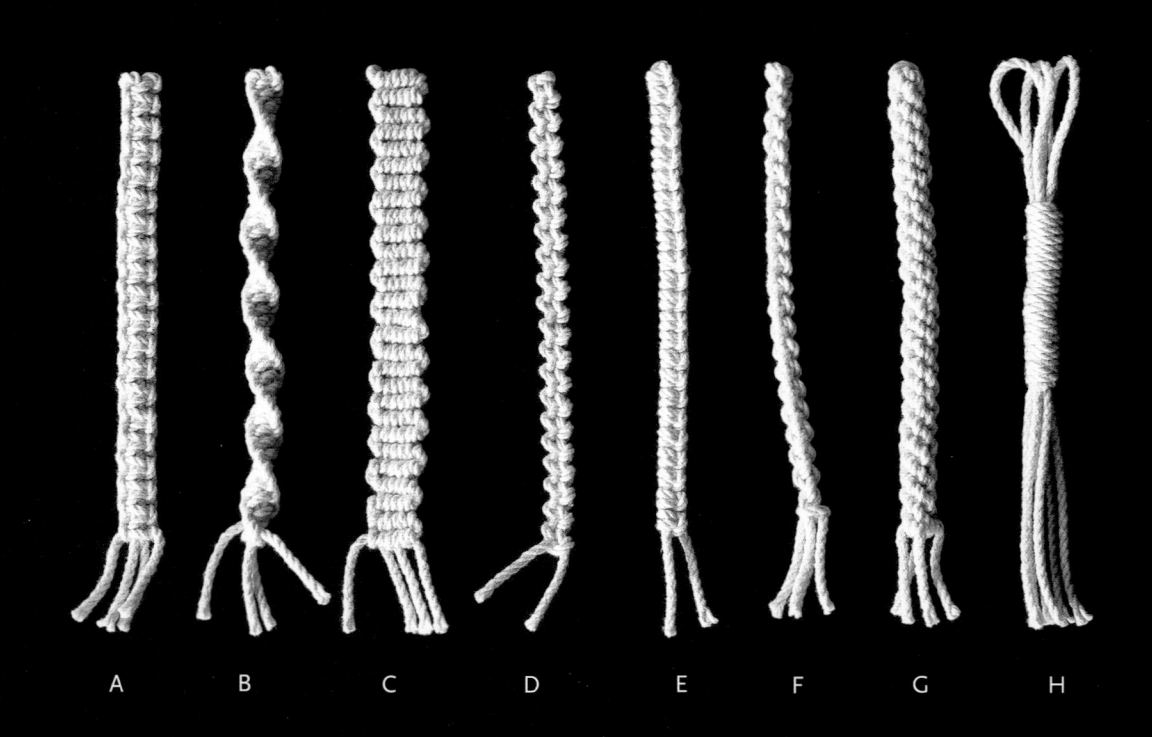

A　B　C　D　E　F　G　H

Brooch ►p.54

巻結び、平結び、左右結び

Tassel Charm →p.56,57

→p.56,57

ねじり結び(写真左)、芯入り丸四つだたみ(写真右)

Block Charm ►p.41〜43
モンキー結び

A

G

B

F

C

E

D

9

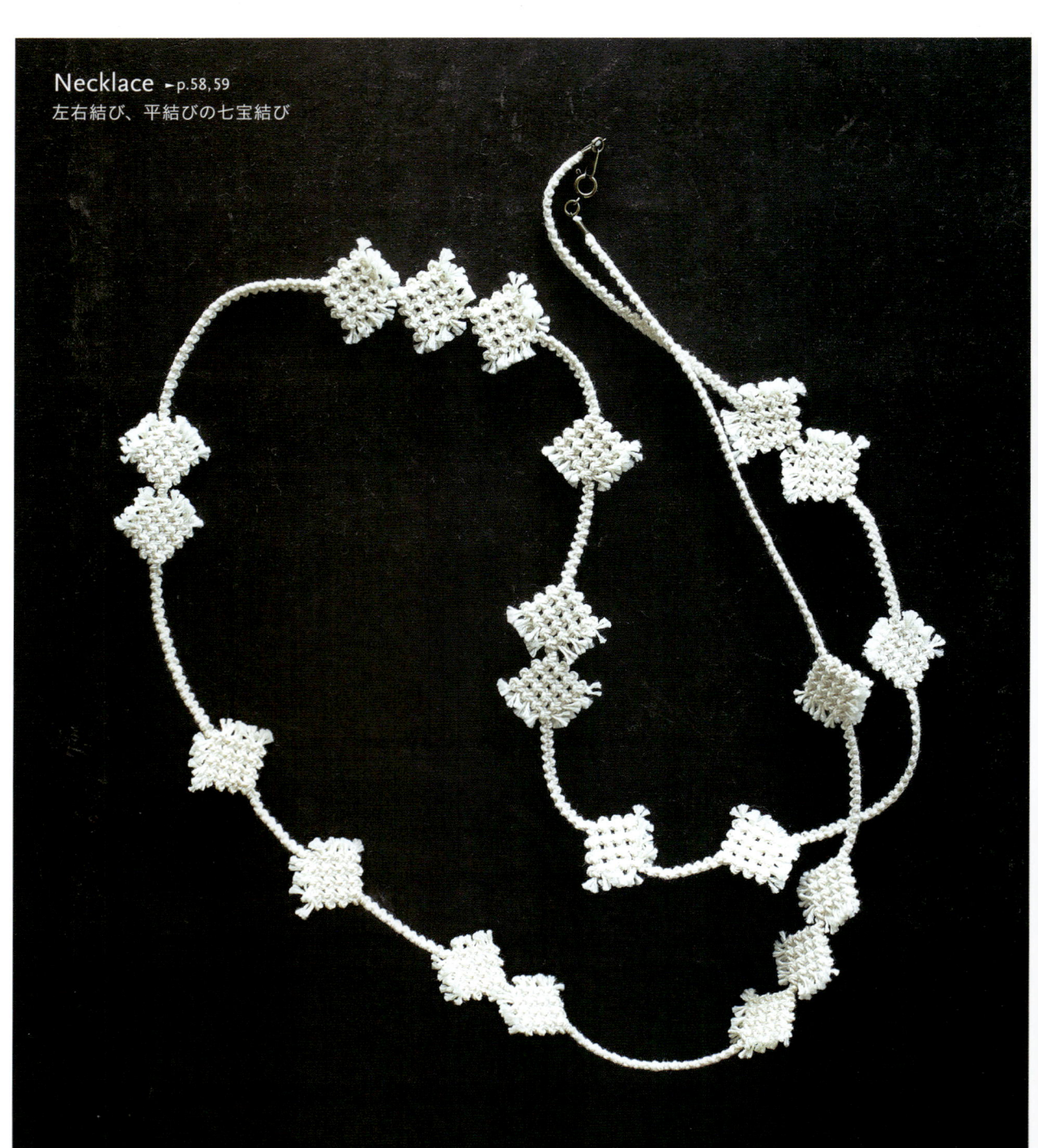

Necklace ►p.58,59
左右結び、平結びの七宝結び

Necklace ►p.55
平結びの七宝結び、巻結び

Belt ►p.62,63
タッチング結び、平結びの七宝結び、平結び

Belt with Pouch ►p.66～68
平結びの七宝結び

Pouch ►p.70,71
平結びの七宝結び、平結びのリング結び

Tablet Case ►p.72,73
左右結び（写真左）

Clutch Bag ►p.74,75
平結びの七宝結び（写真右、p.21）

Bag ►p.78,79
平結びの七宝結び

23

Brooch ►p.80, p.82〜85
平結び、巻結び、左右結び、ひと結び(写真左上)
巻結び(写真中左と中右)

Pierce ►p.81
巻結び、左右結び、ひと結び(写真右下)

Tapestry ▸p.93〜95
平結びの七宝結び、ひと結び、タッチング結び（写真左）、平結び（写真右）

Materials & Tools

糸

ミサンガ糸
なめらかでつやのあるミサンガ用の糸(商品名:みんなで作ろう! Misanga!!)。この本ではまとめ結びのベルトに使用。

たこ糸(たこ糸小巻)
しっかりと撚った張りと強度のある綿糸。さらっとした風合いが魅力。アクセサリーにはいちばん細い10番(#10)、ベルトやバッグなどに20〜40番(#20〜#40)の糸を使用。

コットンコード・ソフト5
コットンコード・ソフト3よりさらに太い。しっかりと結んで かっちりとしたクラッチバッグに。

コットンコード・ソフト3
しっかりとした太さと撚りのロープ。主にバッグに使用。

コットンスペシャル
撚りがないので結びやすく、他の糸よりなめらかな質感。この本では2mmと3mmを使用。

ジュートフィックス
ぼそっとしたジュートの風合いを生かしながら、結びやすく加工された糸。細タイプと極細タイプの2種類。

※糸の詳細はp.93を参照してください。
糸はすべてメルヘンアート(p.96)

道具

A マクラメボード大(30×50cm)、**B** コルクボードミニ(20×30cm)
　ピンで糸を刺しとめて製作するための専用ボード。1cm方眼つきで使いやすい。作るものに合わせた大きさを用意して。

C マクラメピン　糸をとめつけるピン。使用する糸に合わせてサイズを選ぶ。

D とじ針　モンキー結びやポーチなどの脇をとじるときに使用。糸が通る穴の大きさの先の丸い針を選ぶ。

E 丸棒　リング結びに使用。鉛筆でも代用可能。リングの大きさに合わせた直径のものを選ぶ。

F 小ばさみ　糸を切るのに使用。

G はさみ　太い糸やブローチ用のフェルトを切るときに使用。

H 平ヤットコ(または平ペンチ)　アクセサリー用の金具をつける作業に。

I フェルト　ブローチのベースに使用。

J 手芸用接着剤　糸端の処理やブローチの裏にフェルトをはるときなどに使用。

K メジャー　糸の長さをはかるのに使用。

<u>パーツ</u>

A バレッタ金具　**B** ブロックチャームのベース用の木製ブロック　**C** バッグの底用
楕円モチーフ　**D** ブローチピン(リングタイプ)　**E** ブロックチャーム用キーリング
F タッセルチャーム用キーホルダー金具　その他、ネックレス用の丸かんととめ具、
ピアス金具、ブレスレット用リボンどめ金具、ベルト用のバックルやリングなど。

Step by Step

★平結びの七宝結び、平結び

Bracelet ▸P.26

平結びを1段ごとに位置をずらしながら結ぶ
七宝結びと、平結びで作るブレスレット。
ハニカム（蜂の巣）模様のデザインです。

◉ でき上がりサイズ（モチーフ部分）
幅約3cm、長さ約15cm

◉ 材料
たこ糸#10（生成）　120cmを10本
リボンどめ金具（アンティークゴールド）　3cm幅を2個
引き輪、ダルマかん（アンティークゴールド）　各1個
丸かん（アンティークゴールド）　直径0.4cmを2個

＊わかりやすいように、写真は実物より太い糸にかえて
解説しています。

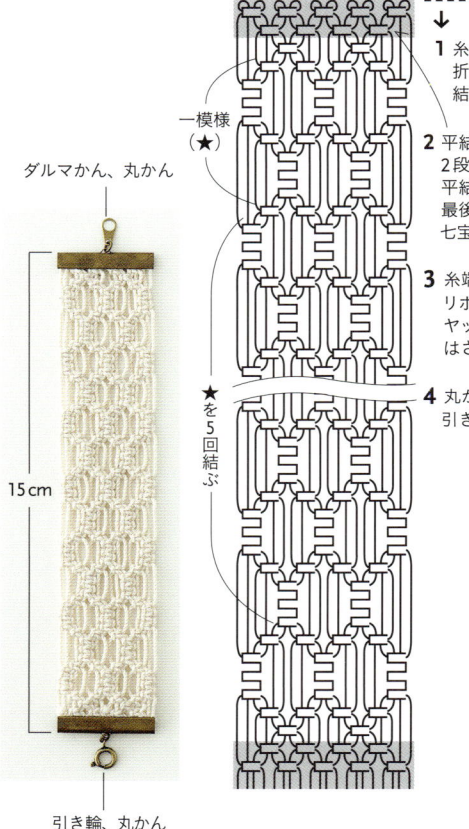

ダルマかん、丸かん

15cm

引き輪、丸かん

◆記号図

スタート

一模様
（★）

★を5回結ぶ

1 糸10本を中央で二つ
折りにしてピンでとめて
結び始める

2 平結びの七宝結び（p.46）を
2段結んだあと（▢の部分）、
平結びを図を参照して結ぶ。
最後（▢の部分）も平結びの
七宝結びを2段結ぶ

3 糸端を始末し、▢部分を
リボンどめ金具に差し込み、
ヤットコ（またはペンチ）で
はさんで締める

4 丸かんでダルマかんと
引き輪をつける

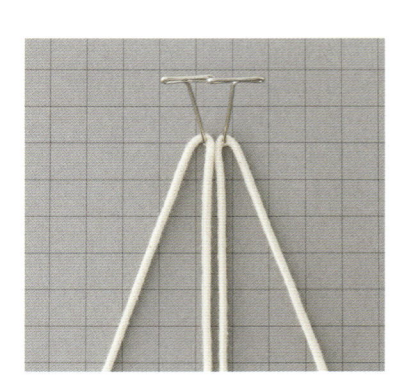

1 糸2本を中央で二つ折りにしてピンでとめ
る。ピンは少し外向きの角度になるように、
糸の中心を刺す。

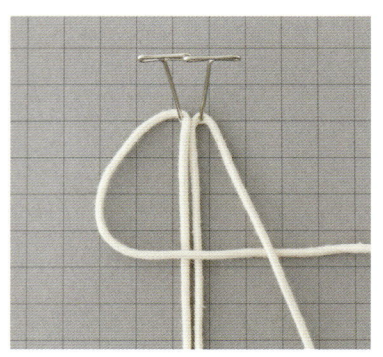

2 中央の2本の糸を芯にして平結び（p.46）を
1回結ぶ。

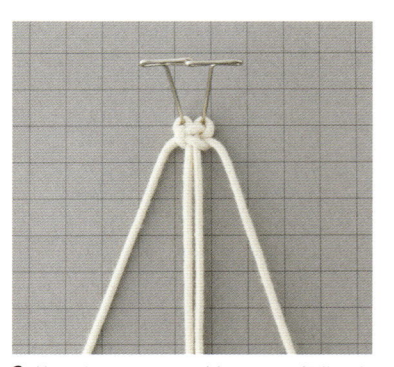

3 結んだところ。二つ折りにした部分はな
るべく間をあけないように結ぶ。

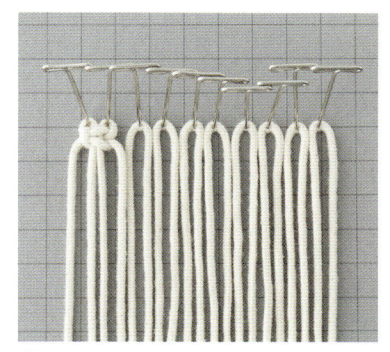

4 同様に糸を二つ折りにして右側に8本並べ、ピンでとめる。

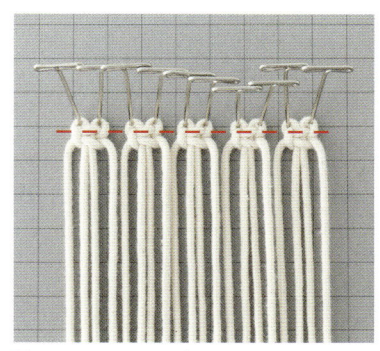

5 4本一組みで1回ずつ平結びを結ぶ。1段めが結べたところ（平結びが横に並ぶ場合は結びの高さをそろえる）。

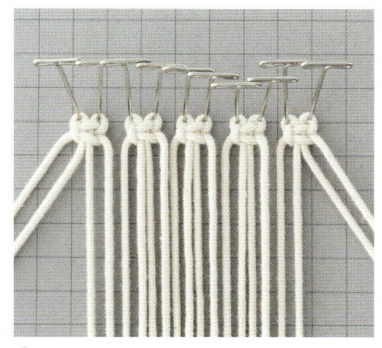

6 2段めを結ぶ。外側の2本ずつはそのままにしておく。

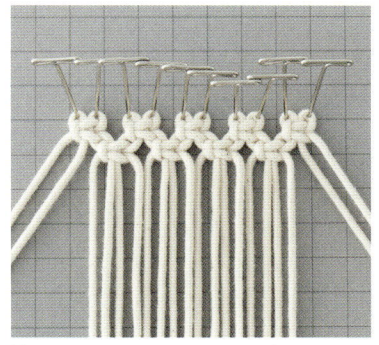

7 内側の糸を4本一組みで1回ずつ平結びを結ぶ（前段の平結びの下端との間にすきまができないように結ぶ）。ここまでが平結びの七宝結び。

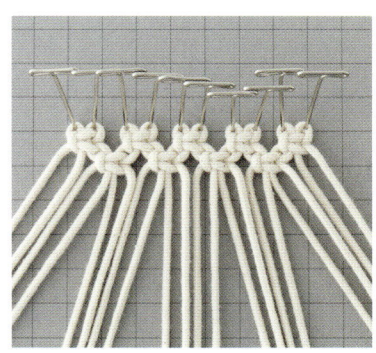

8 3段めを結ぶ。外側の4本ずつと中央の4本はそのままにしておく。

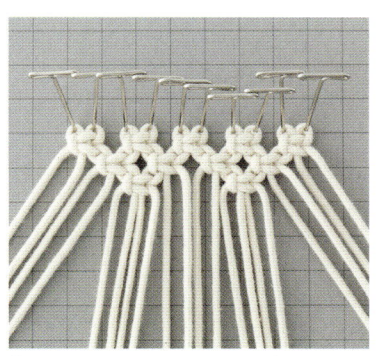

9 左右の糸を4本一組みで1回ずつ平結びを結ぶ。

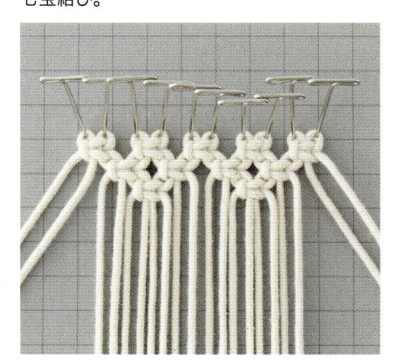

10 4段めを結ぶ。外側の2本ずつはそのままにしておく。

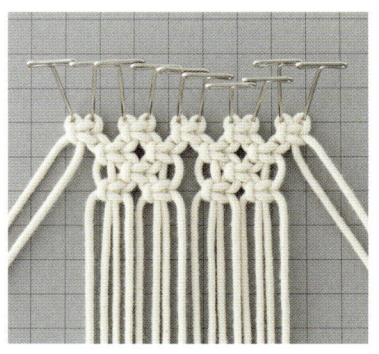

11 内側の糸を4本一組みで1回ずつ平結びを結ぶ。脇の4か所は糸を渡して間をあける。

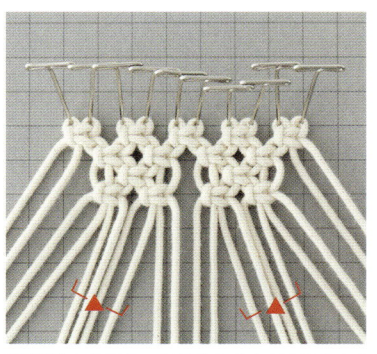

12 5段めを結ぶ。▲部分の糸4本はそのままにしておく。

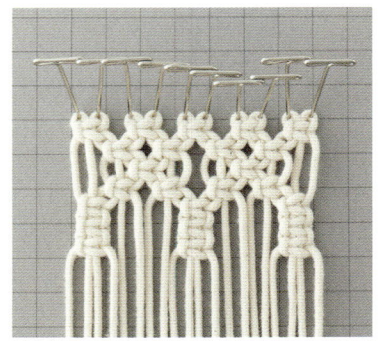

13 外側の4本ずつと中央4本で平結びを3回結ぶ。

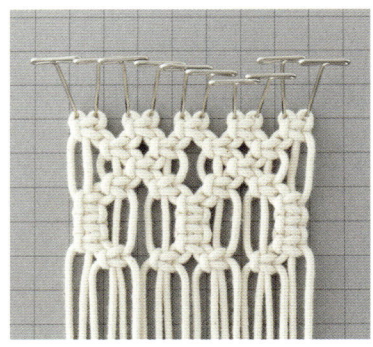

14 6段めは、外側の2本ずつはそのままにしておき、内側の糸を4本一組みで1回ずつ平結びを結ぶ。

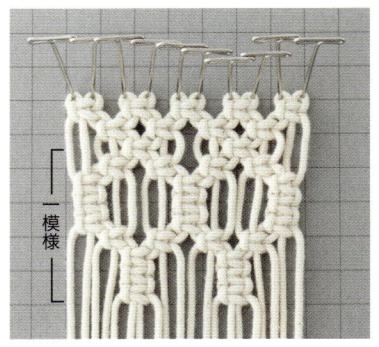

15 7段めは、外側の4本ずつと中央の4本はそのままにしておき、左右の糸を4本一組みで平結びを3回結ぶ。一模様できた。10〜15を続けて5回繰り返し結ぶ。

16 結び終りは10〜13の平結びの並びで結び、続けてスタートと対称の柄になるように結ぶ。

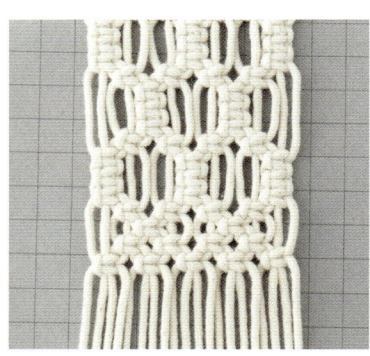

17 結び終りの裏側の平結び5か所に手芸用接着剤を竹ぐしなどでつける。

18 糸端を折り曲げ、つける。

19 接着剤が乾いたら0.5cmにカットする。

20 カットした部分にリボンどめ金具をはさんで(p.60)、丸かんでダルマかんと引き輪をつけてでき上り。

★バッグの作り方 2枚をつなぐ方法

Bag ►P.22

バッグの前、後ろの2枚を一部を残してそれぞれ作り、
側面をつなげながら結んで筒状に仕上げる方法です。

*わかりやすいように、写真は糸の種類、色、使用する糸の本数をかえて解説しています。

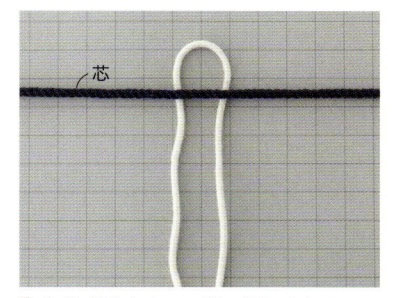

1 芯(作品は合皮コード)の下に中央で 二つ
折りにした糸を置く。上側の輪を前に倒す。

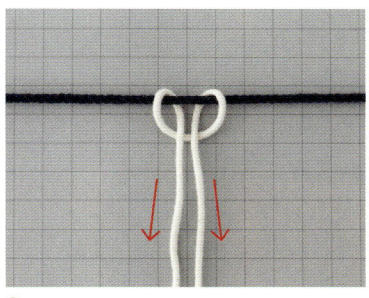

2 糸端を輪の中に引き出し、下に引き締め
る。「二つ折りの糸の取りつけ方」(p.50)。

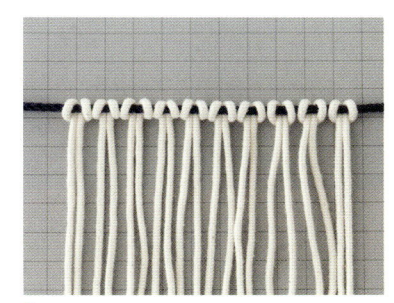

3 必要本数の糸を取りつける。

4 平結び1回の七宝結び(p.46)を1段ごとに
両脇の糸を2本ずつ減らしながら結ぶ(結び
部分がV字になる)。

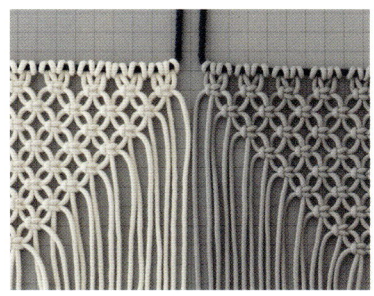

5 4と同様のものをもう1枚結ぶ。 できた2
枚を写真のように並べる。

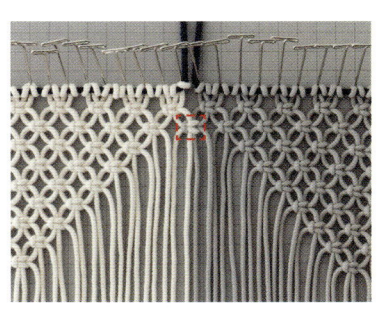

6 端の2本ずつ、合計4本で平結びを1回結ぶ。

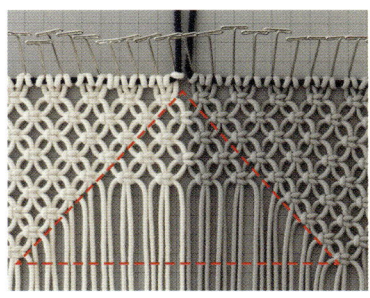

7 続けて[____]部分を埋めるように平結び1回
の七宝結びを結ぶ。 反対側の端も同様に結
び、筒状にする。

★バッグの作り始め　芯糸を輪にして始める方法

Bag ►P.27、P.30

芯糸に指定の本数の糸を取りつけてから、端を重ねてその上に糸を取りつけ、
輪にして、筒状に作り進める方法です。

＊わかりやすいように、写真は糸の種類、色、使用する糸の本数をかえて解説しています。

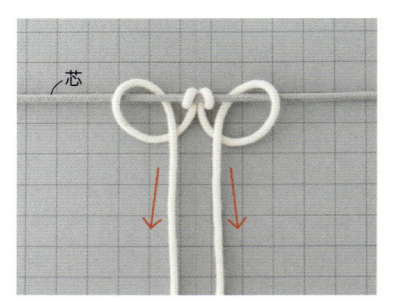

1 p.39の**2**の工程まで同様。続けて糸の端を手前から芯にかける。
糸端を下に引き締める。「巻結びの糸の取りつけ方」(p.48)。

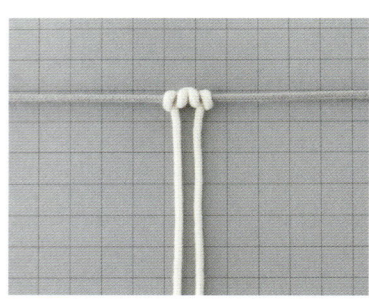

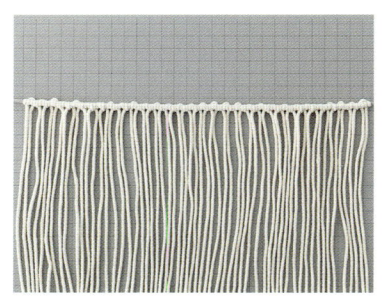

2 糸を**3**本残してすべて取りつける。

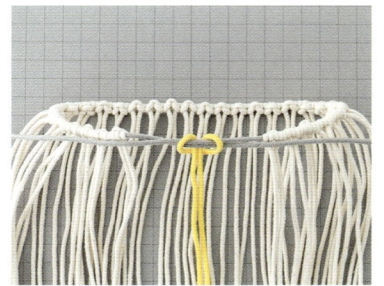

3 芯の端を重ね、外表になるように筒状にする。
残した糸1本を**1**と同様に取りつける（芯は重ねているので2本になっている）。

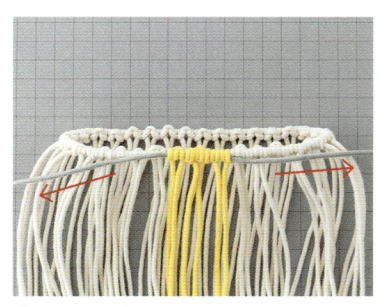

4 残り2本も**3**と同様に結び目の両脇に取り
つけ、芯の端を左右に引き締めて結び目の間
を詰める。

★モンキー結びのブロックチャームの作り方

Block Charm ►P.9

木のブロックなどを土台にして、モンキー結びのテクニックで、糸をきっちりと巻いて作ります。

＊作品のでき上がりサイズ、材料はp.43を参照。

糸を巻く方向

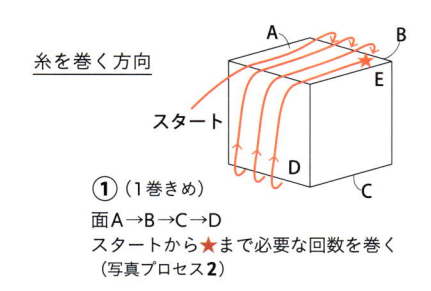

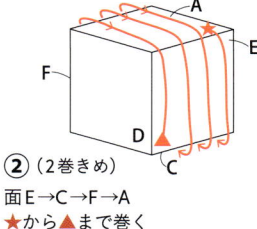

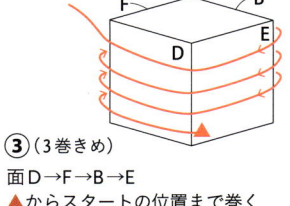

①（1巻きめ）
面A→B→C→D
スタートから★まで必要な回数を巻く
（写真プロセス**2**）

②（2巻きめ）
面E→C→F→A
★から▲まで巻く
（写真プロセス**3**、**4**）

③（3巻きめ）
面D→F→B→E
▲からスタートの位置まで巻く
＊面DとBは①で巻いた糸の下を通す
（写真プロセス**5**、**6**、**7**、**8**）

＊写真は作品D（立方体）で解説しています。

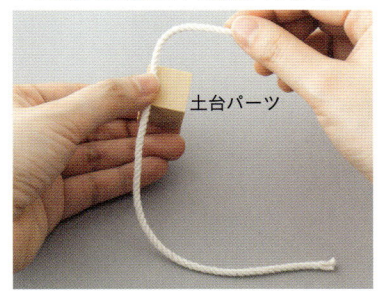

1 土台パーツの上に糸端を15cm残して指で押さえる。左から右へ糸をゆるめに巻いていく。

1巻きめ

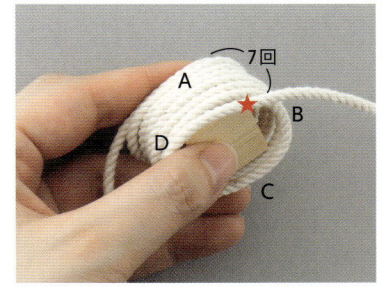

2 ゆるめに7回巻いた状態。土台パーツよりひと回りゆるく巻く（面A→B→C→D）。※土台により巻く回数は異なる（p.43の表参照）。

2巻きめ

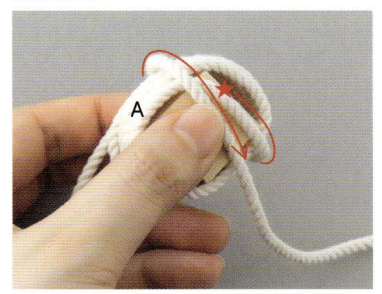

3 ★から矢印のように向きを変えて1回巻く。

3巻きめ

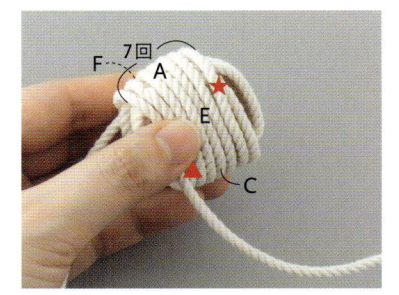

4 続けて右から左へ7回巻く（面E→C→F→A）。※土台によって巻く回数は異なる（p.43の表参照）。

5 向きを変え、糸端がある面（D）に**2**で巻いた部分と土台パーツの間にとじ針で糸を通す。

6 反対側の面（B）の**2**で巻いた部分と土台パーツの間にとじ針で同様に糸を通す。

7 5、6を繰り返す。

（7回）

8 7回巻いたところ。1で残した糸端のところに糸が出る。※土台によって巻く回数は異なる（p.43 表参照）。

9 糸を引き締め、形を整える。

10 巻いた順に糸をとじ針で引き出しながら引き締める。

0.5cm
（▲）

11 途中、巻く面を変えて折り曲げた糸（▲）は、ループを 0.5 cm ほど作る。

12 もう1か所の巻く面を変えて折り曲げた糸（★）をとじ針で引き出しながら、前の糸を引き締める。

13 矢印の方向に糸を引き出し、★の糸を直角に折り曲がるように引き締める。以降、順に引き締めていくが、1回で引き締めるのではなく、形を整えながら何度か繰り返して引き締めるときれいに仕上がる。

14 引き締めが終わった状態。

15 糸端を1cm（Gのチャームは0.5cm）に
カットし、巻いた部分にとじ針で押し込み
ながら糸端を入れ込む。もう1本も同様に始
末する。

16 ループ部分に丸かんで、キーリングをつ
ける（Gは丸かんのみつける）。でき上り。

※A、B、E、Fは面によって厚
みが異なるので厚みが狭い面か
ら巻き始める

◉でき上りサイズ
（モチーフ部分）
A 約5×3×2.5cm
B 約3.5×3.5×2cm
C 直径約3cm
D 約3×3×3cm
E 直径約4×高さ約2cm
F 約5×2.5×2.5cm

◉材料
コットンコード・ソフト3（生成・271）
A 300cmを1本
B 200cmを1本
C 300cmを1本
D 300cmを1本
E 250cmを1本
F 250cmを1本

土台パーツ1個
A 縦4×横2×高さ1cmの長方形ブロック
B 縦2×横2×高さ1cmの正方形ブロック
C 直径2.5cmウッドビーズ
D 1辺2cmの立方体ブロック
E 直径2.7×厚さ0.8cm円柱ブロック
F 縦4×横1×高さ1cmの長方形ブロック
＜共通＞ キーリング（アンティークゴールド）直径2.5cmを1個
丸かん（アンティークゴールド）直径1cmを1個

Block Charm（G）▸P.9

◉でき上りサイズ（モチーフ部分）　長さ約6cm

◉材料
たこ糸#40（生成）150cmを10本
ウッドビーズ（土台パーツ）　直径1.2cmを10個
キーリング（アンティークゴールド）　直径2.5cmを1個
丸かん（アンティークゴールド）　直径0.8cmを1個
丸かん（アンティークゴールド）　直径0.5cmを10個
チェーン（アンティークゴールド）　長さ8cmを1本

2 丸かん（0.8cm）で
チェーンとキーリングをつける

1 モンキー結び（p.40〜43）で
パーツを10個作り
（巻く回数は右上の表参照）、
丸かん（0.5cm）でチェーンに
バランスよくつける

★平結びのリング結び

Pouch ~P.19

1 平結び(p.46)を1回結ぶ。芯糸2本を上にして丸棒を置く。

2 平結びを1回結ぶ。

3 2の平結びを上にスライドさせる。

4 結びと結びの間はすきまがあかないようにする。

5 丸棒を引き抜くと上にリングができる。1〜5を繰り返す。

＊平結びのリング結びを
連続して結ぶときは、
結び目1つごとに丸棒をはずさずに、
1段を端から全部結んでから、
丸棒を引き抜くと作業しやすいです。

★縦巻結びのリング結び

Barretta ~P.17

＊下記は縦巻結びのリング結びの基本プロセスです。
作品では、形を安定させるために、最初と最後の縦巻結びは2段になるように結んでいます(p.65の記号図参照)。

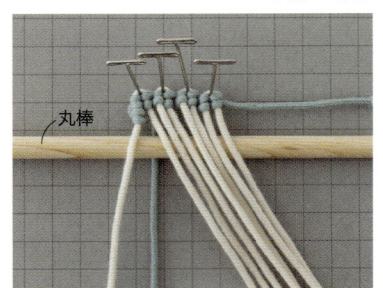

1 芯にする糸を中央で二つ折りにし、縦巻結び(p.49)を1段結ぶ。結び糸を折り返し、2段めの1目めを結ぶ。芯糸を上にして丸棒を置く。

2 2目めの芯を左側に置き、縦巻結びを結ぶ。結び糸は丸棒に巻かれる。

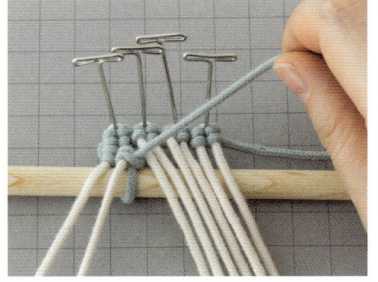

3 縦巻結び2目めの結び終り。丸棒にかかっている結び糸はゆるまないように。

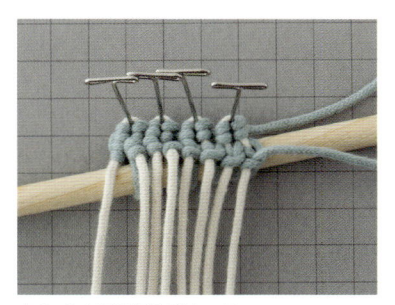

4 2、3を繰り返し端まで結ぶ。

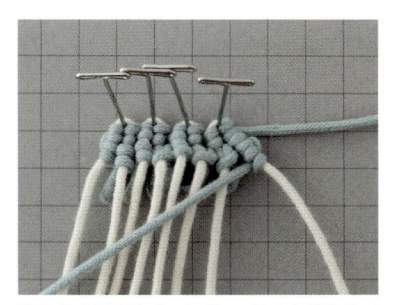

5 丸棒を引き抜く。続けて3段めを縦巻結びをする（丸棒は使わない）。

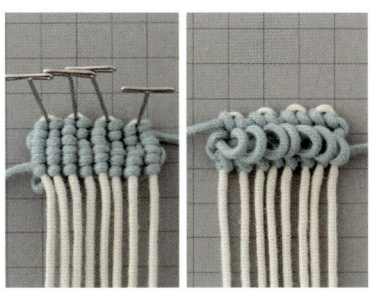

6 3段めの端まで結ぶ。裏側に1列リングができる。**2〜5**を繰り返す（記号図の▢を結ぶときに丸棒でリングを作りながら結ぶ）。

★左右結びの応用
Tablet Case ▸P.20

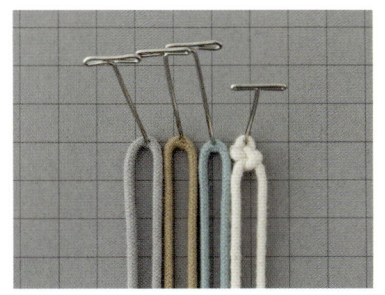

1 糸を中央で二つ折りにし、ピンでとめる。右側2本で左右結び(p.47)を1回結ぶ。

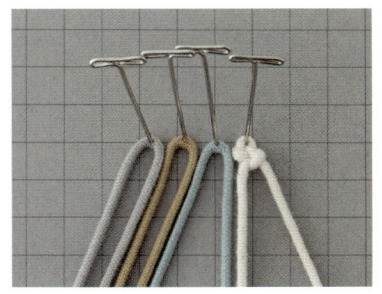

2 糸を左に1本ずらし、写真の2本（生成りと青）で左右結びを1回結ぶ。

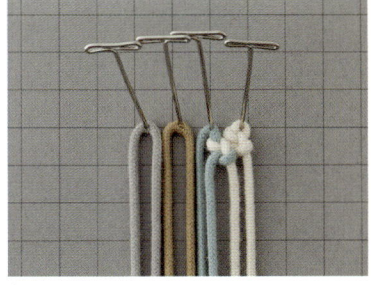

3 左右結びが結べたところ。同様に糸を左に1本ずつずらしながら 左右結びを結ぶ。

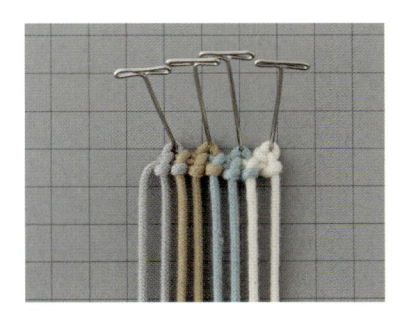

4 左端まで結べたところ。これで1段と数える。

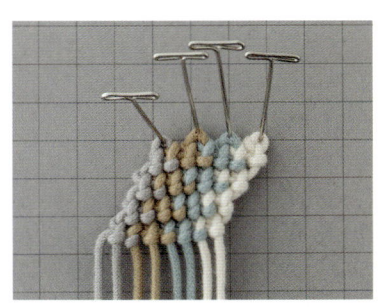

5 **1〜4**を繰り返す。必ず右から左へ結んでいく。段数を結んでいくと結んだ部分が斜めになっていく。

Basic Technique

基本の結び方 　　*結び名の下の記号は、それぞれの結びの種類を表わします。各作品の作り方の記号図にも記載されています。

★平結び　平らな目になる最も基本的な結び方。外側の左右2本が結び糸、中心の2本が芯糸になります。

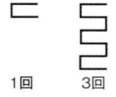

1回　3回

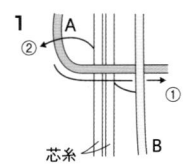

1
結び糸Aを芯糸2本の上に渡し、結び糸Bを上にのせる（①）。結び糸Bを芯糸2本の下にくぐらせ、結び糸Aの上から出す（②）。

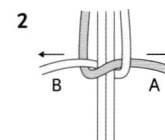

2
A、Bの糸を左右に引く。ここまでで平結び0.5回。

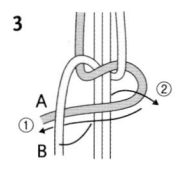

3
Aを芯糸の上に渡し、Bを上にのせる（①）。Bを芯糸の下にくぐらせ、Aの上から出す（②）。

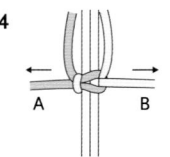

4
A、Bを左右にしっかりと引く。平結び1回のでき上り。

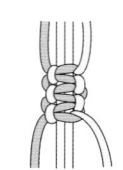

5
1〜4を全部で3回繰り返したところ。最後に縦に渡る糸が左にあれば平結びが完成している。右にあればまだ1、2を結んだ段階。

★平結びの七宝結び
七宝結びは1段ごとに糸をずらして平結びをし、結び目が段ごとに交互に並ぶように作る方法。
下の図は最も一般的な「七宝つなぎ」模様の結び方ですが、結びの回数や、結び目と結び目の間隔を変えたり、ほかの結びを加えるなど、応用はいろいろあります。

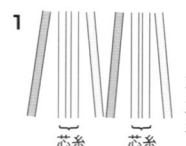

1
芯糸を2本にして、左右に1回ずつ平結びをする。

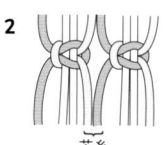

2
1で結び糸にしていた糸を芯糸にして、平結びをする。

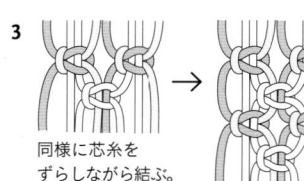

3
同様に芯糸をずらしながら結ぶ。

★ねじり結び　平結びの最初の0.5回分を繰り返して結ぶと、左から右へとねじれたひもになります。

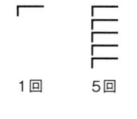

1回　5回

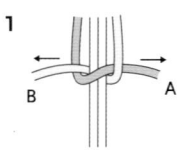

1
平結びの0.5回まで結ぶ（平結び1、2と同様）。これでねじり結び1回。

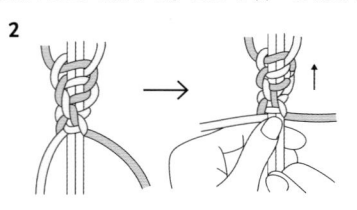

2
1を繰り返して結んでいくと、結び目が左から右へとねじれていく。こぶが半回転したら、芯糸を持って引き上げ、結び目の間隔をつめる（充分ねじれていたらこの作業はしなくていい）。そのあと、結び糸の左右を入れ替え、同様に結んでいく。
＊半回転するまでの回数は糸の引き方などで違ってくるので、自然に半回転するまでの回数を覚えてそれを繰り返す。この本の作品では7、8回。

★平結び、ねじり結びの糸の足し方

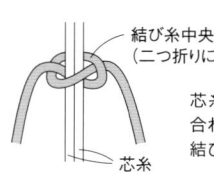

結び糸中央
（二つ折りにする）

芯糸の下に結び糸の中央を合わせ、結び始める（図は平結び0.5回まで結んだ状態）。

芯糸

★左右結び　結び糸と芯糸を交互に替えながら
巻いていくと、ジグザグのひもになります。

1
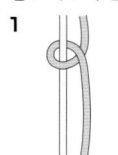
左の糸を芯糸にして右
の糸を手前から巻く。

2
1回
右の糸を芯糸にして、
左の糸を手前から巻
く。これで左右結び1
回。巻くごとに糸を引
き締めながら**1**、**2**を
繰り返す。

★ひと結び　1本の糸、または複数の糸をひとまとめにして結ぶ方法。

1
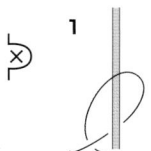
糸を矢印のように
回して結ぶ。

2
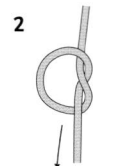
下に引いて締める。

3
1本　2本以上
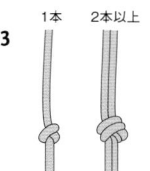
でき上り。
複数の糸の場合も
まとめて同様に結ぶ。

★本結び　2本の糸を、1回めと2回めで逆方向に糸をかけて結ぶ方法。シンプルでほどけにくい結び方です。

1
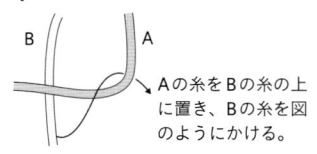
B　　A
Aの糸をBの糸の上
に置き、Bの糸を図
のようにかける。

2
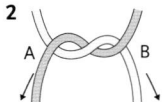
A　　B
A、Bの糸を
引き締める。

3
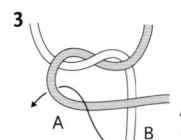
A　　　B
Aの糸をBの糸の上
に置き、Bの糸を図
のようにかける。

4
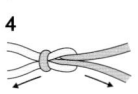
糸を引き締める。
本結びのでき上り。

★左タッチング結び　タティングレースの結びと同様の結び方。結び糸が常に芯糸の左側に出ます。

1
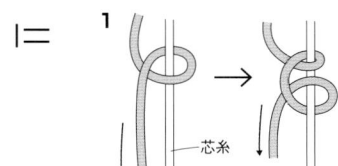
芯糸
まず、結び糸（左の糸）
を芯糸の手前から巻
き、引き締める。続け
て結び糸を芯糸の後
ろから巻き、できた輪
に通して引き締める。

2
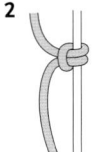
結び目をしっかり引き
締める。左に結び糸が
出る。1回でき上り。

3
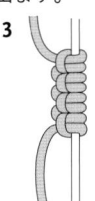
1、**2**を繰り返して結
ぶ場合はすきまなく結
ぶときれいに仕上がる。

★右タッチング結び　左タッチング結びと同じ要領ですが、結び糸が常に芯の右側に出ます。

1
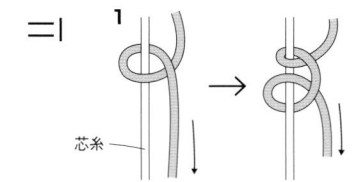
芯糸
まず、結び糸（右の糸）
を芯糸の手前から巻
き、引き締める。続け
て結び糸を芯糸の後
ろから巻き、できた輪
に通して引き締める。

2
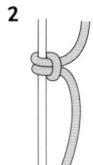
結び目をしっかり引き
締める。右に結び糸が
出る。1回でき上り。

3

1、**2**を繰り返して結
ぶ場合はすきまなく結
ぶときれいに仕上がる。

★まとめ結び　ラッピング結びとも呼ばれ、糸の束などに糸をぐるぐると巻きつけてまとめる方法です。

1
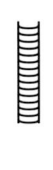
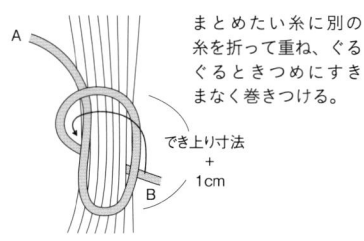
A
B
まとめたい糸に別の
糸を折って重ね、ぐる
ぐるときつめにすき
まなく巻きつける。
でき上り寸法
＋
1cm

2
A
B
指定の寸法を巻
いたら、下の輪
に糸端Bを通す。

3
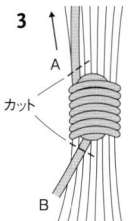
A
カット
B
糸端Aを上に引くと下
の輪が巻いた糸に入
り、Bの糸端が固定さ
れる。A、Bの根もと
でカットする。

★巻結び

1本の芯糸に1本の結び糸を巻きつけて、主に面を仕上げるときに用いられる結び。
慣れないうちは正しく巻きついているか確認しながら作業しましょう。

記号の見方

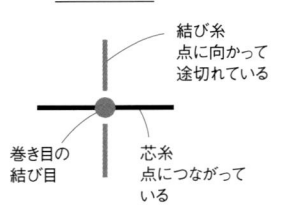

結び糸
点に向かって
途切れている

巻き目の
結び目

芯糸
点につながって
いる

巻結びの糸の取りつけ方 …… 芯糸に結び糸を巻きつけて取りつける

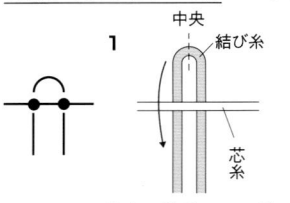

1 中央　結び糸

芯糸

芯糸の後ろに二つ折りにした結び糸を置き、中央を前に倒す。

2

結び糸の両端を輪の中から引き出し、引き締める。

3

結び糸の端をそれぞれ手前から芯糸にかけ、矢印のように引き出す。

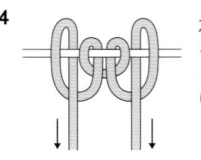

4

左右の糸を引き締める（最初の結び目とすきまができないように糸を寄せる）。

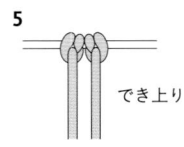

5

でき上り

○横巻結び　…… 左から右に向かって巻く場合

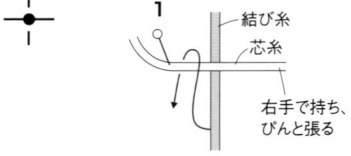

1 結び糸　芯糸

右手で持ち、ぴんと張る

芯糸を結び糸（縦）に交差させてピンでとめ、右手で持ってぴんと張る。結び糸を左手で持ち、矢印のように芯糸に巻いて引き締める。

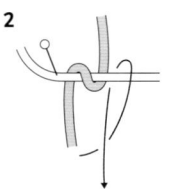

2

続けて、矢印のように結び糸を巻く。

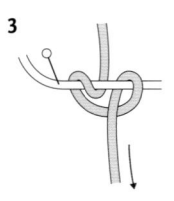

3

下側の結び糸を引き締める。

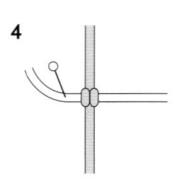

4

1目でき上り。

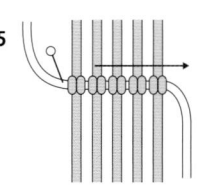

5

結び目を増やす場合は、結び糸を右側に足していく。

…… 右から左に向かって巻く場合

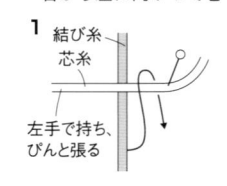

1 結び糸　芯糸

左手で持ち、ぴんと張る

芯糸を結び糸（縦）に交差させてピンでとめ、左手で持ってぴんと張る。結び糸を右手で持ち、矢印のように芯糸に巻いて引き締める。

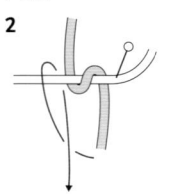

2

続けて、矢印のように結び糸を巻く。

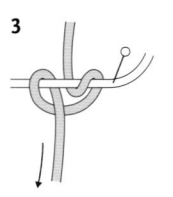

3

下側の結び糸を引き締める。

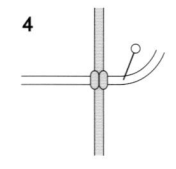

4

1目でき上り。

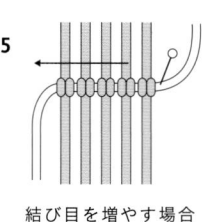

5

結び目を増やす場合は結び糸を左側に足していく。

段数を増やす場合

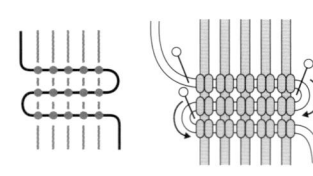

1段結び終わったら、芯糸を端で折り曲げ、次の段を結ぶ。
この時、上段の結び目と離れないように、巻結びの1目めを引き締める際に、芯糸を斜め上に引き上げて、間をつめるといい。

○縦巻結び ⋯⋯ 左から右に向かって巻く場合

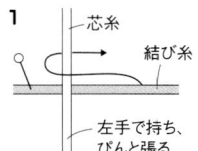 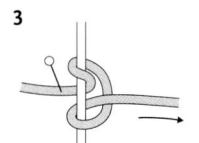 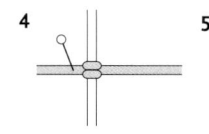 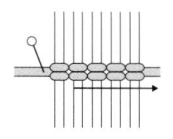

1 芯糸 / 結び糸 / 左手で持ち、ぴんと張る

2

3

4

5

結び糸を芯糸(縦)に交差させてピンでとめ、芯糸の下を左手で持ってぴんと張る。結び糸を右手で持ち、矢印のように芯糸に巻いて引き締める。

続けて、矢印のように結び糸を巻く。

右側の結び糸を引き締める。

1目でき上り。

結び目を増やす場合は、芯糸を右側に足していく。

⋯⋯ 右から左に向かって巻く場合

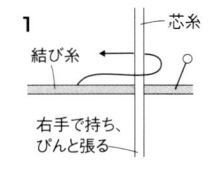 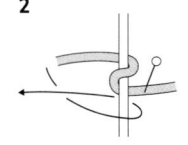 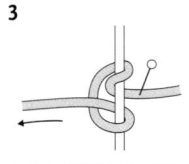 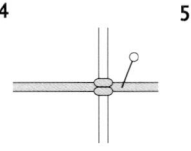 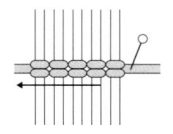

1 芯糸 / 結び糸 / 右手で持ち、ぴんと張る

2

3

4

5

結び糸を芯糸(縦)に交差させてピンでとめ、芯糸の下を右手で持ってぴんと張る。結び糸を左手で持ち、矢印のように芯糸に巻いて引き締める。

続けて、矢印のように結び糸を巻く。

左側の結び糸を引き締める。

1目でき上り。

結び目を増やす場合は、芯糸を左側に足していく。

段数を増やす場合

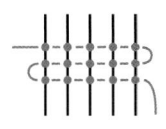 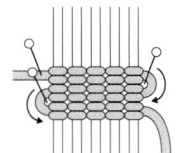

1段結び終わったら、結び糸を端で折り曲げ、次の段を結ぶ。
結んだあと、前の段とすきまがある場合は、
すきまをつめるように結び目を上に押し上げるといい。

○斜め巻結び

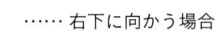

⋯⋯ 右下に向かう場合

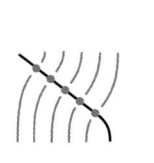 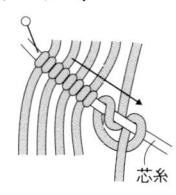

芯糸を左から右下に斜めにぴんと張り、横巻結び(p.48)と同様に結ぶ。

芯糸

⋯⋯ 左下に向かう場合

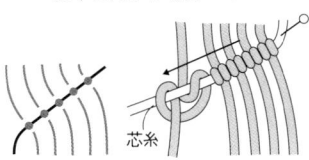

芯糸を右から左下に斜めにぴんと張り、横巻結び(p.48)と同様に結ぶ。

芯糸

⋯⋯ ジグザグに結ぶ場合

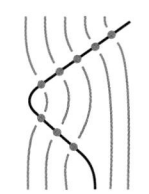 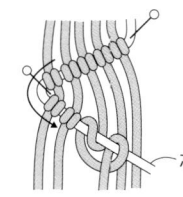

芯糸をジグザグになるように折り返しながら、横巻結び(p.48)と同様に結ぶ。

芯糸

⋯⋯ 段数を斜めに増やす場合

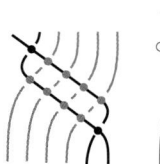 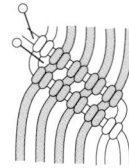

芯糸を1段ごとに替えながら、横巻結び(p.48)と同様に結ぶ。

○裏横巻結び　ヘリンボーンのような模様に仕上がる結び方。横巻結び(p.48)とは糸の巻き方が反対になります。

記号の見方

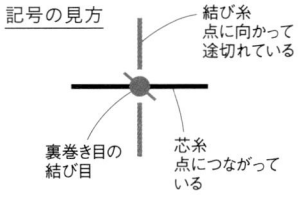

結び糸　点に向かって途切れている

裏巻き目の結び目

芯糸　点につながっている

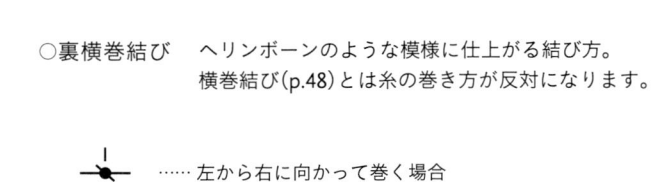

…… 左から右に向かって巻く場合

1

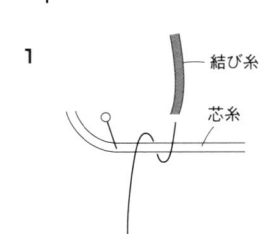

結び糸

芯糸

芯糸を結び糸(縦)に交差させてピンでとめ、右手で持ってぴんと張る。結び糸を左手で持ち、矢印のように芯糸に巻いて引き締める。

2

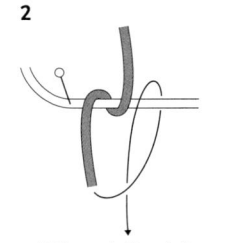

続けて、矢印のように結び糸を巻く。

3

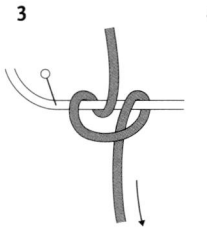

下側の結び糸を引き締める。

4

1目でき上り。

5

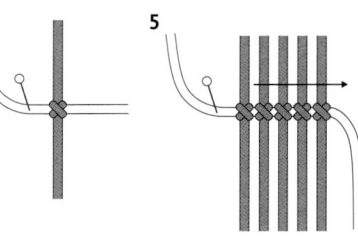

結び目を増やす場合は結び糸を右側に足していく。

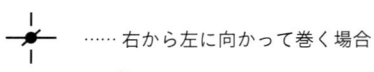

…… 右から左に向かって巻く場合

1

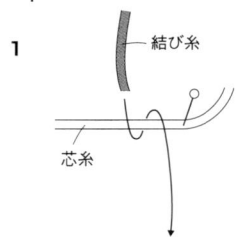

結び糸

芯糸

芯糸を結び糸(縦)に交差させてピンでとめ、左手で持ってぴんと張る。結び糸を右手で持ち、矢印のように芯糸に巻いて引き締める。

2

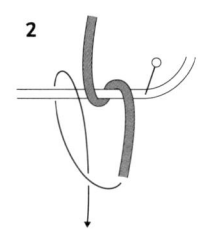

続けて、矢印のように結び糸を巻く。

3

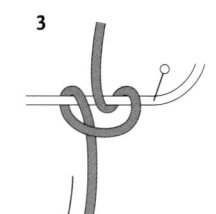

下側の結び糸を引き締める。

4

1目でき上り。

5

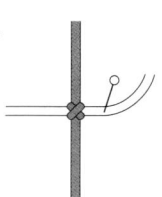

結び目を増やす場合は結び糸を左側に足していく。

★二つ折りの糸の取りつけ方

1

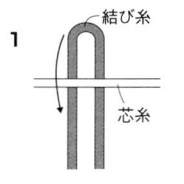

結び糸

芯糸

芯糸の後ろに二つ折りにした結び糸を置き、中央を前に倒す。

2

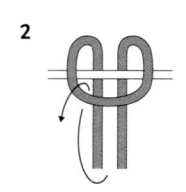

結び糸の両端を輪の中から引き出し、引き締める。

3

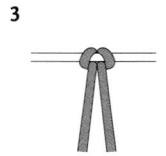

でき上り。

★丸四つだたみ

4本の糸を順番に重ねていく結び方で、筒状に仕上がります。
2本の糸を交差させて作ることもできます。

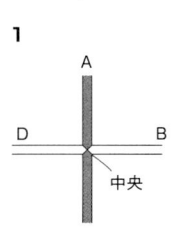

1
4本の糸を開いて
十字形に置く。

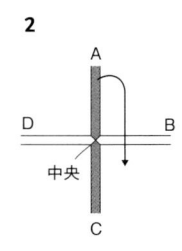

2
右回りに糸を重
ねていく。まず、
AをBに重ねる。

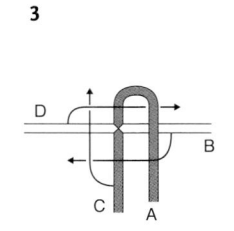

3
同様にBをCに、CをDに
重ねて、最後のDはAを重
ねたときにできた輪に通す。

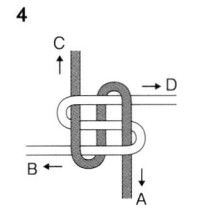

4
糸4本を1本ずつ、
少しずつ引いて、
均等に引き締める。

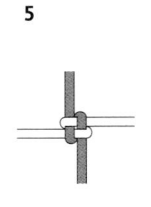

5
1回結んだところ。

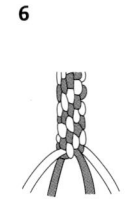

6
2〜5を繰り返して
結んでいく。

★芯入り丸四つだたみ

この本では2本の糸（結び糸）を交差させて置き、別糸を1本中心に通して2本芯糸とし、
これをくるむように結んでいきます。

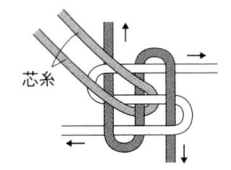

★四つ組み

4本の結び糸を図のように交互にからめながら、1本に組んでいきます。

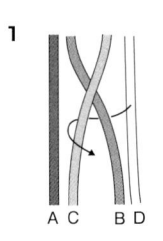

1
BにCを重ねて交差さ
せ、Dを矢印のように
CとBの間に入れる。

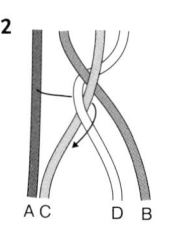

2
Aを矢印のようにDと
Cの間に入れる。

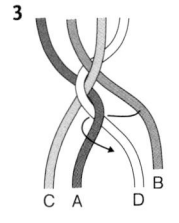

3
Bを矢印のようにAと
Dの間に入れる。

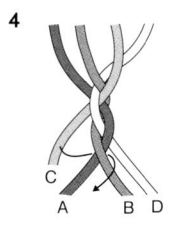

4
同様に端の糸を左右
交互にからめて組ん
でいく。

作り方のポイント

1 糸の準備

作り始める前に、糸を作り方に記載した指定の長さと本数に切りそろえておきます。
結ぶときの糸の引き方などで必要な長さが少し違ってきますので、
規定の長さより、少し長めに余裕を持って切っておくと安心です。
できたら、結びの練習も兼ねて、作品に使用する糸を使ってきりのいい長さ分を試し結びし、
それをもとに全体の必要な長さを計算すると正確です。

［長い糸のまとめ方］

長い糸を使う作品の場合は、
それぞれの糸をあらかじめ、図のように巻いてまとめておくと、
結ぶ際にも作業しやすくなります。

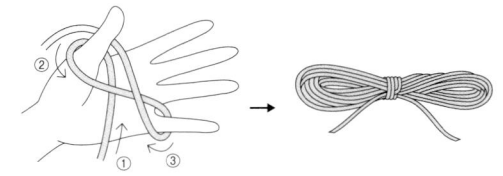

［太い糸を使う場合］

太めの糸(この本ではコットンコードソフトや、コットンスペシャルなど)は玉巻きではなく、
かせになっていることが多いので、いったん、玉状に巻き取ってから、寸法をはかって切るようにします。
かせのままだと、糸がからまりやすいので注意しましょう。
また、糸によっては、撚りが途中で自然にほどけてくることがあるので、
その場合は糸端をひと結びしておいたり、テープを巻いてから切るといいでしょう。

［糸の長さの目安］

結びの技法ごとに必要な糸の長さの目安です。あくまでも目安なので、少し長めに用意しておけば安心です。

［結び目の種類］	［長さの目安、でき上り寸法に対して］
平結び	5〜6倍
ねじり結び	5〜6倍
巻結び	6〜7倍
左右結び	4〜5倍

2 ピンのとめ方

作り始めは、コルクボード（マクラメボード）に糸を二つ折りにしてマクラメピンでとめて作業を始めます
（型紙を使用する場合はボードの上にのせます）。
マクラメピンは外側向き（糸が引っ張られる方向と逆の方向に少し傾ける）に、糸の中心にとめるのがポイントです。
マクラメピンは糸の細めのものは針先の細い小さなサイズを、太めのものは針先の太い大きなサイズを選びましょう。
最初に糸をとめるときは、基本的には作品の仕上サイズをだいたいの参考にして均等の間隔でピンでとめていきます
（糸の間隔があかず、自然に糸が並ぶ状態。p.37参照）。
ただし、糸の間隔をあけて結ぶ七宝結びのp.22、23のバッグは、作品の作り方ページに記載の間隔でとめてください。
ピンは作業を進めていく過程で、やりやすいようにはずしたり、とめ直してもかまいません。

[筒状に作っていくバッグやポーチについて]
この本に掲載したバッグやポーチには、芯糸を輪にして筒状に作っていくタイプ(p.40参照)、
平面に作って最後に折って側面をはぎ合わせるタイプ、前と後ろを途中まで別々に作り、
途中で側面で2枚をつないでいくタイプ(p.39参照)の3種類があります。
筒状に作っていくタイプのバッグの基本的な作り方は、筒状にしたあと中にコルクボードを入れ、
ボードの大きさに合わせて、その都度、作業の範囲をずらしながら結びます。
ボードを中に入れなくても、作りかけのバッグをしっかり固定していれば筒状に結ぶことができるので、
自分のやりやすい方法で作ってください。

3   きれいに作るこつ

■ しっかりと糸を引いて結ぶ
引く力加減は常に一定に、目の大きさをそろえて作っていきます。
結び目がゆるまないように、1回1回しっかりと糸を引いて結ぶことが、
かっちりときれいに仕上げるポイントです。

■ 結びの位置を確認する
コルクボード(マクラメボード)の方眼のライン(または型紙のライン)を目安に、
結び目の位置がきれいにそろうように確認しながら作業しましょう。
結びと結びの間に渡る糸もゆるんだり、きつすぎないように、自然に渡るように気をつけます。

4   糸端の始末

結び終わったあとは糸始末をします。
基本的には、バッグは底で糸端を結び合わせて短く切りそろえます。
アクセサリーは、糸端を裏側に折り曲げて手芸用接着剤ではったあとに、短く切りそろえます。
タッセルやバッグ、タペストリーなど糸端をそのままフリンジにして仕上げる場合もあります。
＊糸の撚りをほぐしてフリンジにする場合は、指で撚りと反対に糸をねじって、ばらばらにしてほぐします。

作品の作り方ページ(p.54〜95)の記載について
＊材料の項を参照して糸を用意し、記号図を参照して結び、仕上げてください(それぞれの結び方と結び記号はp.46〜51を参照)。
＊でき上りサイズは幅×長さで表記しています。ブレスレットはとめ具などの金具部分を除いたモチーフ部分の長さを記載しています。

作品の作り方　# Brooch ～P.6

エンブレムのような形のフリンジつきブローチ。
形をしっかり保てるように、
横巻結びはきりっと結びましょう。

◉ でき上りサイズ
約 4.5×15 cm

◉ 材料
たこ糸 #10（生成）
　糸A：100 cm を12本、糸B：50 cm を2本
ブローチピン（ゴールド）2.4 cm幅を1個

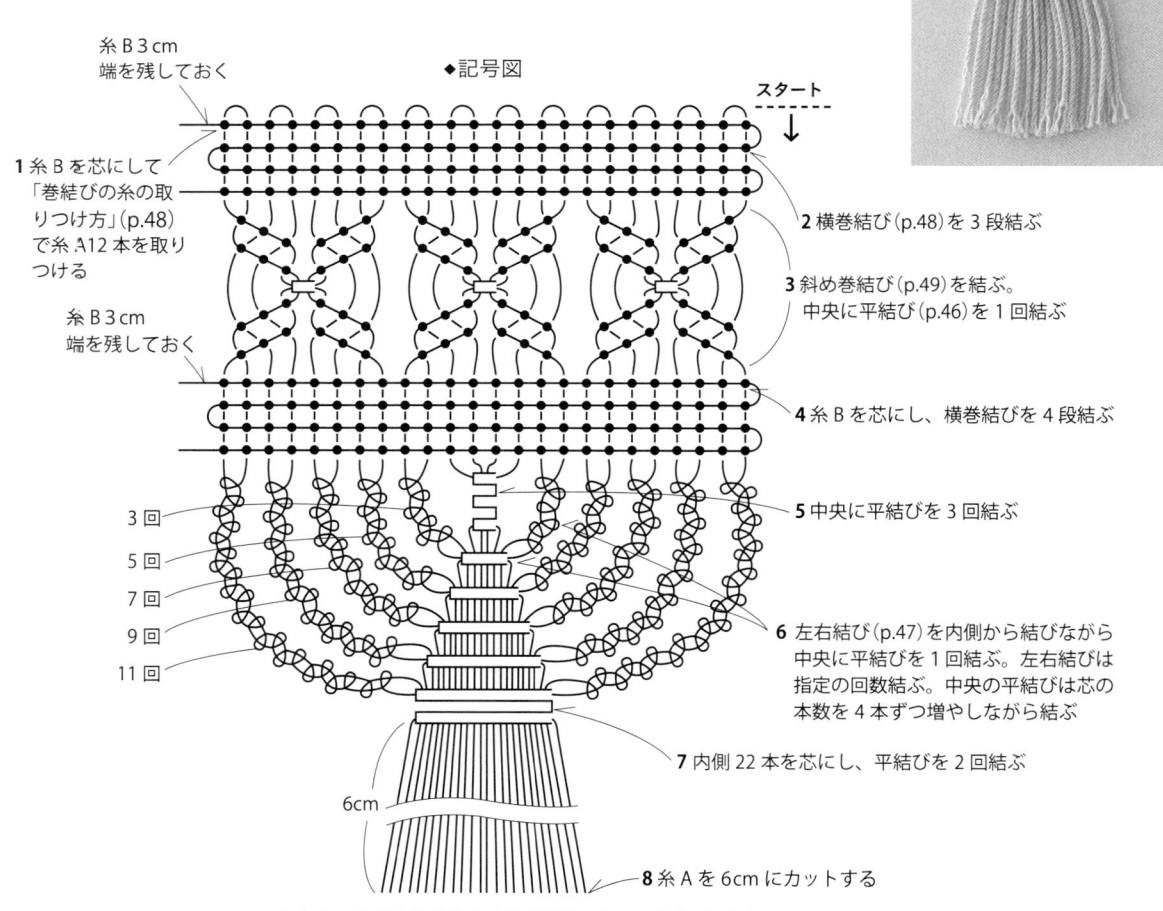

糸B 3 cm
端を残しておく

◆記号図

スタート
↓

1 糸B を芯にして
「巻結びの糸の取
りつけ方」(p.48)
で糸A12 本を取り
つける

糸B 3 cm
端を残しておく

2 横巻結び(p.48)を 3 段結ぶ

3 斜め巻結び(p.49)を結ぶ。
中央に平結び(p.46)を 1 回結ぶ

4 糸B を芯にし、横巻結びを 4 段結ぶ

3 回
5 回
7 回
9 回
11 回

5 中央に平結びを 3 回結ぶ

6 左右結び(p.47)を内側から結びながら
中央に平結びを 1 回結ぶ。左右結びは
指定の回数結ぶ。中央の平結びは芯の
本数を 4 本ずつ増やしながら結ぶ

7 内側 22 本を芯にし、平結びを 2 回結ぶ

6cm

8 糸A を 6cm にカットする

9 糸B の糸端を始末し(p.38)、裏側にブローチピンをはる

54

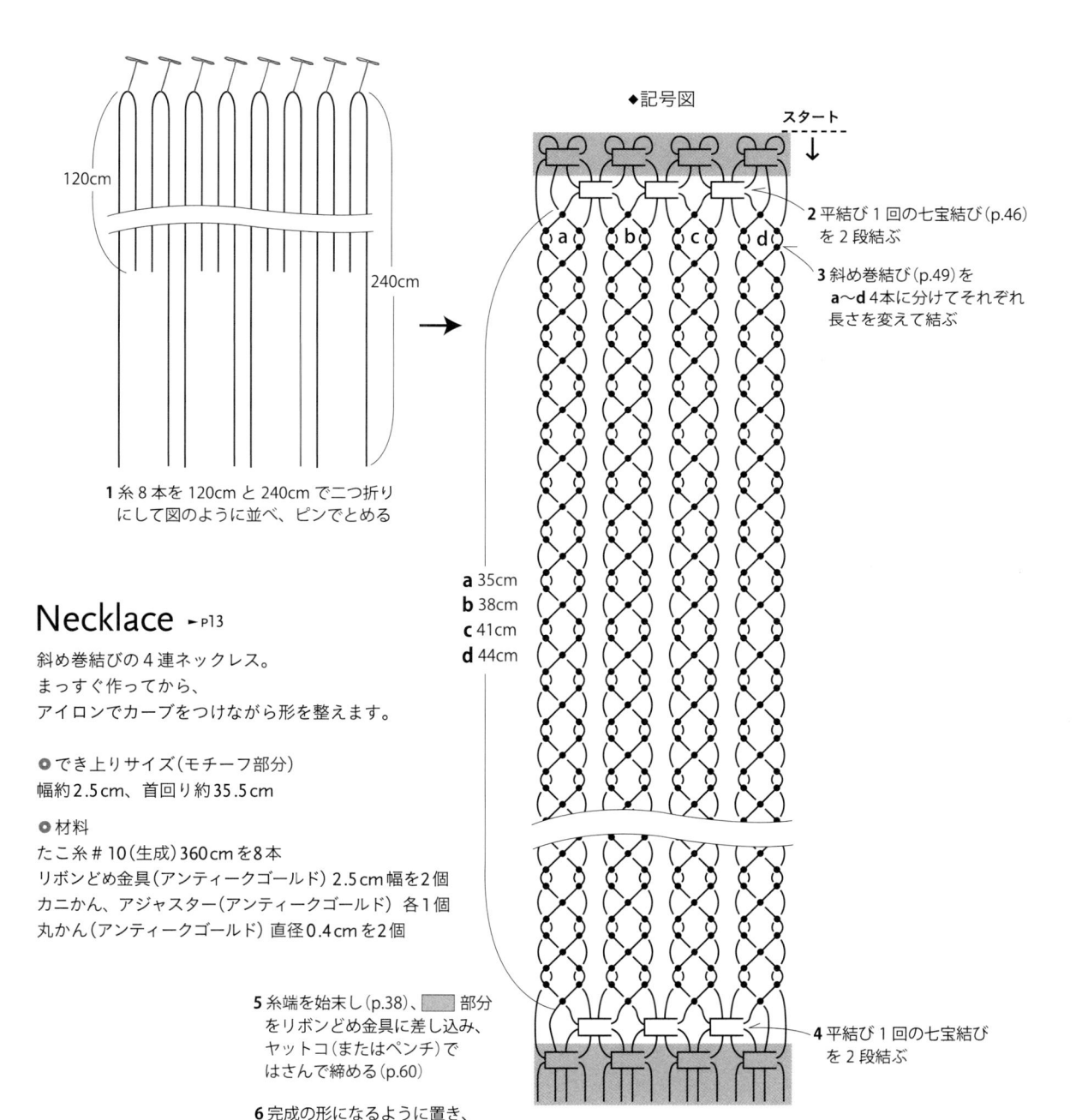

◆記号図

スタート
↓

120cm

240cm

1 糸8本を120cmと240cmで二つ折り
にして図のように並べ、ピンでとめる

Necklace ←P13

斜め巻結びの4連ネックレス。
まっすぐ作ってから、
アイロンでカーブをつけながら形を整えます。

◉でき上りサイズ（モチーフ部分）
幅約2.5cm、首回り約35.5cm

◉材料
たこ糸＃10（生成）360cmを8本
リボンどめ金具（アンティークゴールド）2.5cm幅を2個
カニかん、アジャスター（アンティークゴールド）各1個
丸かん（アンティークゴールド）直径0.4cmを2個

2 平結び1回の七宝結び（p.46）
を2段結ぶ

3 斜め巻結び（p.49）を
a〜d 4本に分けてそれぞれ
長さを変えて結ぶ

a 35cm
b 38cm
c 41cm
d 44cm

5 糸端を始末し（p.38）、▨部分
をリボンどめ金具に差し込み、
ヤットコ（またはペンチ）で
はさんで締める（p.60）

6 完成の形になるように置き、
当て布をしてアイロンを当て、
形を落ち着かせる

4 平結び1回の七宝結び
を2段結ぶ

7 丸かんでカニかんとアジャスターをつける

Tassel Charm – P.8

ほうきのような形のバッグチャーム（**a** 写真左のねじり結び **b** 写真右の芯入り丸四つだたみ）。
フリンジ部分は結び糸の他に、別糸を足してボリュームを出しています。

◎ でき上りサイズ（モチーフ部分）　長さ約20cm

◎ 材料
コットンコード・ソフト3
a（うすみどり・274）糸A：60cmを3本、
　糸B：200cmを1本、糸C：30cmを20本
b（生成・271）糸A：150cmを2本、
　糸B：60cmを1本、糸C：30cmを20本
＜共通＞
キーホルダー金具（アンティークゴールド）1個
丸かん（アンティークゴールド）直径1cmを1個
手縫い糸

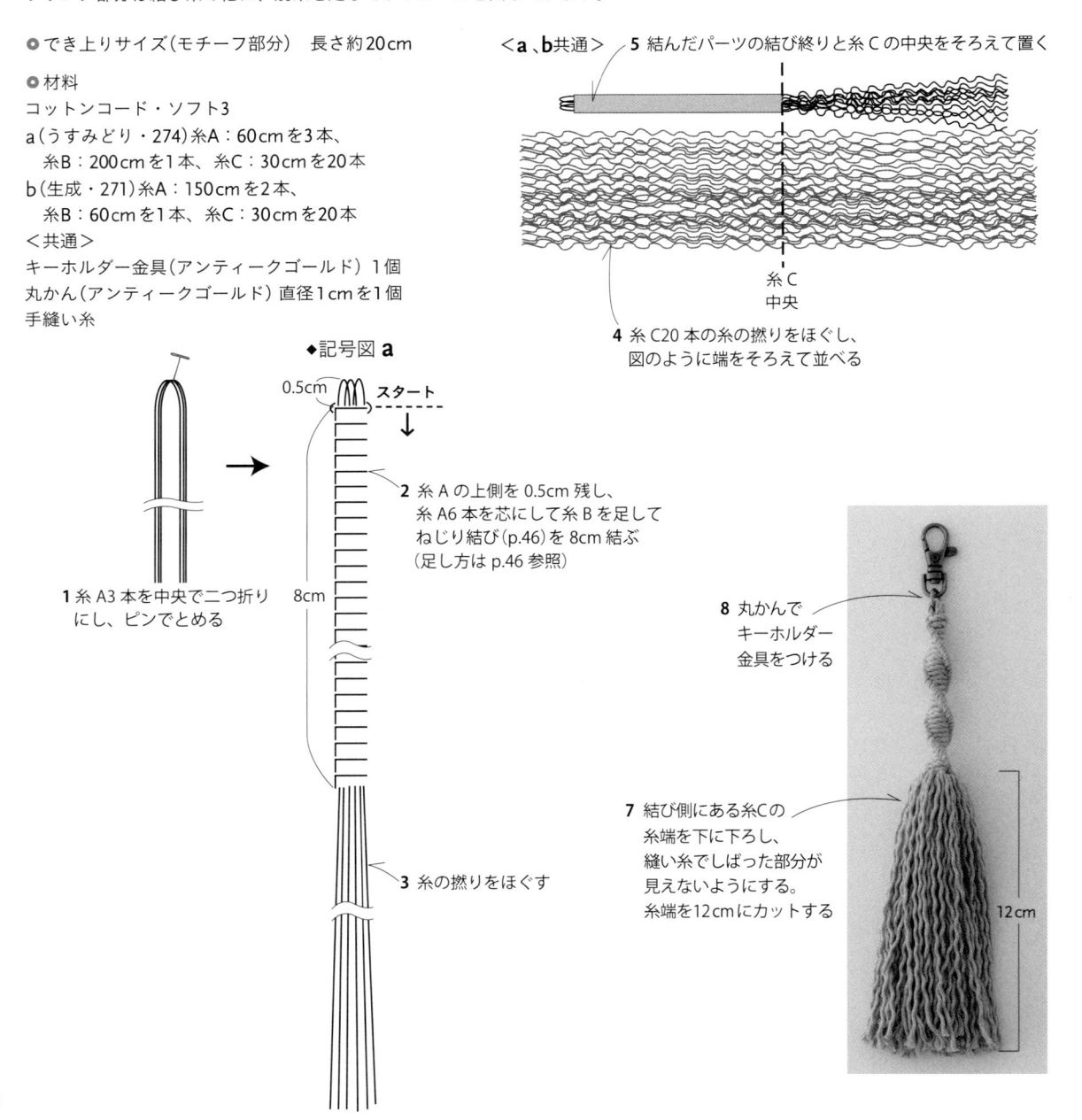

＜a、b共通＞　**5** 結んだパーツの結び終りと糸Cの中央をそろえて置く

糸C
中央

4 糸C20本の糸の撚りをほぐし、
　図のように端をそろえて並べる

◆記号図 a

0.5cm　　**スタート**

2 糸Aの上側を0.5cm残し、
　糸A6本を芯にして糸Bを足して
　ねじり結び（p.46）を8cm結ぶ
　（足し方は p.46 参照）

8cm

1 糸A3本を中央で二つ折り
　にし、ピンでとめる

3 糸の撚りをほぐす

8 丸かんで
　キーホルダー
　金具をつける

7 結び側にある糸Cの
　糸端を下に下ろし、
　縫い糸でしばった部分が
　見えないようにする。
　糸端を12cmにカットする

12cm

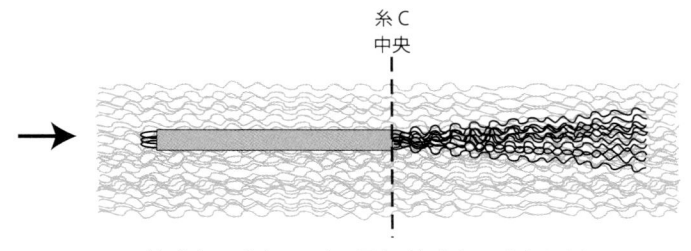

6 結びパーツを糸 C の上に置き、結びパーツを包むように
して縫い糸で中央を数回しばる

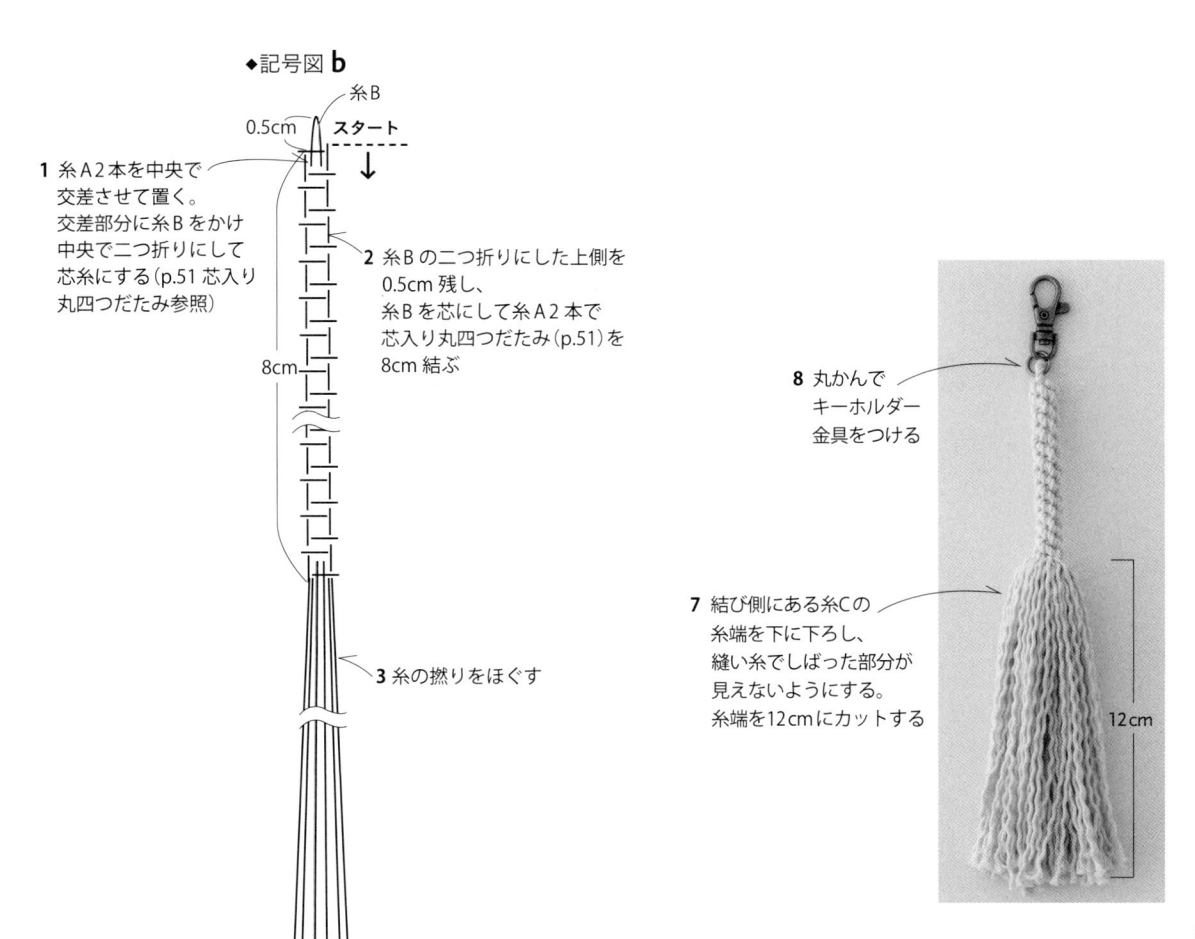

◆記号図 **b**

糸B
0.5cm　**スタート**

1 糸A2本を中央で
交差させて置く。
交差部分に糸B をかけ
中央で二つ折りにして
芯糸にする(p.51 芯入り
丸四つだたみ参照)

2 糸B の二つ折りにした上側を
0.5cm 残し、
糸B を芯にして糸A2本で
芯入り丸四つだたみ(p.51)を
8cm 結ぶ

8cm

3 糸の撚りをほぐす

8 丸かんで
キーホルダー
金具をつける

7 結び側にある糸Cの
糸端を下に下ろし、
縫い糸でしばった部分が
見えないようにする。
糸端を12cmにカットする

12cm

Necklace ►P.10

左右結びで作る細いひもと、
七宝結びのひし形モチーフを
連続して作っていくネックレス。
1連でも2連でも使えるデザインです。

◉ でき上がりサイズ（モチーフ部分）　長さ約115cm

◉ 材料
たこ糸 # 10（生成）
　糸A：800cmを1本、糸B：30cmを147本
カシメ（アンティークゴールド）2個
引き輪、ダルマかん（アンティークゴールド）
　各1個
丸かん（アンティークゴールド）直径0.4cmを2個

◆記号図

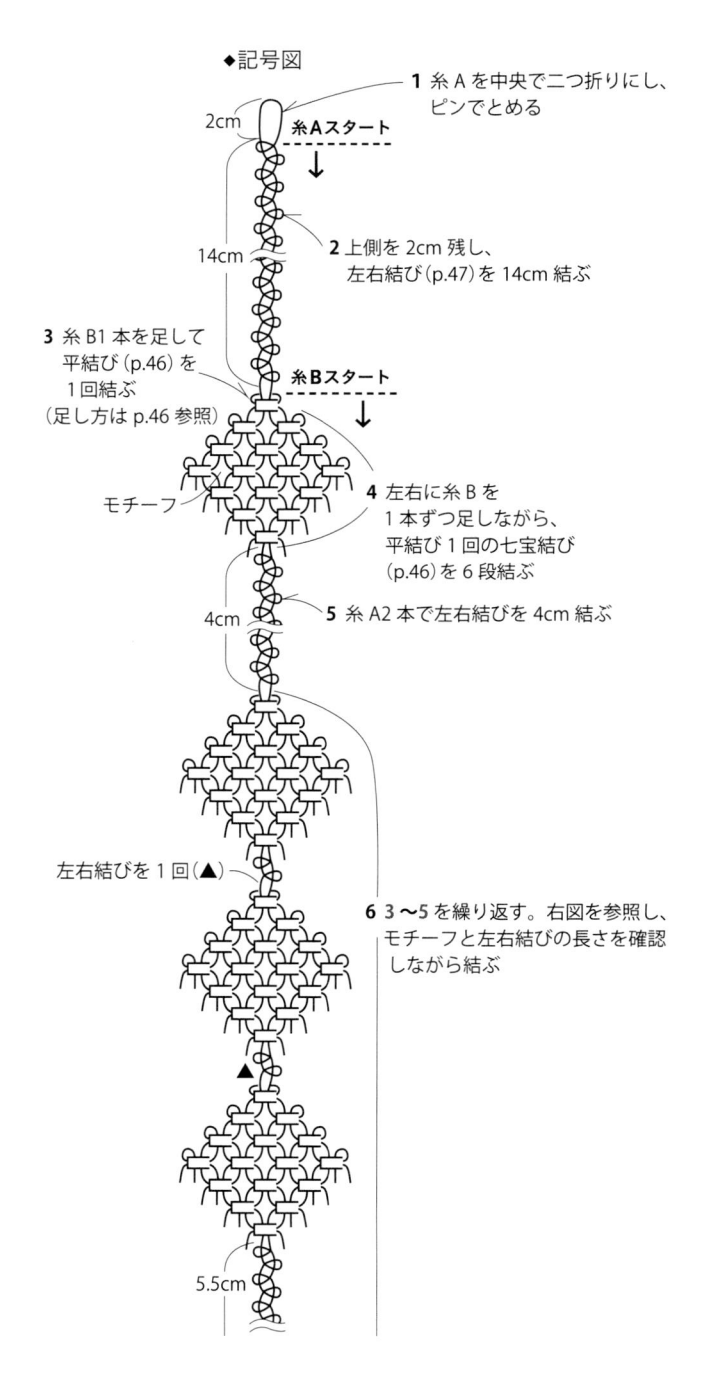

2cm　**糸Aスタート** ← ↓

1 糸 A を中央で二つ折りにし、
ピンでとめる

14cm

2 上側を 2cm 残し、
左右結び（p.47）を 14cm 結ぶ

3 糸 B1 本を足して
平結び（p.46）を
1回結ぶ
（足し方は p.46 参照）

糸Bスタート ← ↓

モチーフ

4 左右に糸 B を
1 本ずつ足しながら、
平結び 1 回の七宝結び
（p.46）を 6 段結ぶ

4cm

5 糸 A2 本で左右結びを 4cm 結ぶ

左右結びを 1 回（▲）

▲

6 3〜5 を繰り返す。右図を参照し、
モチーフと左右結びの長さを確認
しながら結ぶ

5.5cm

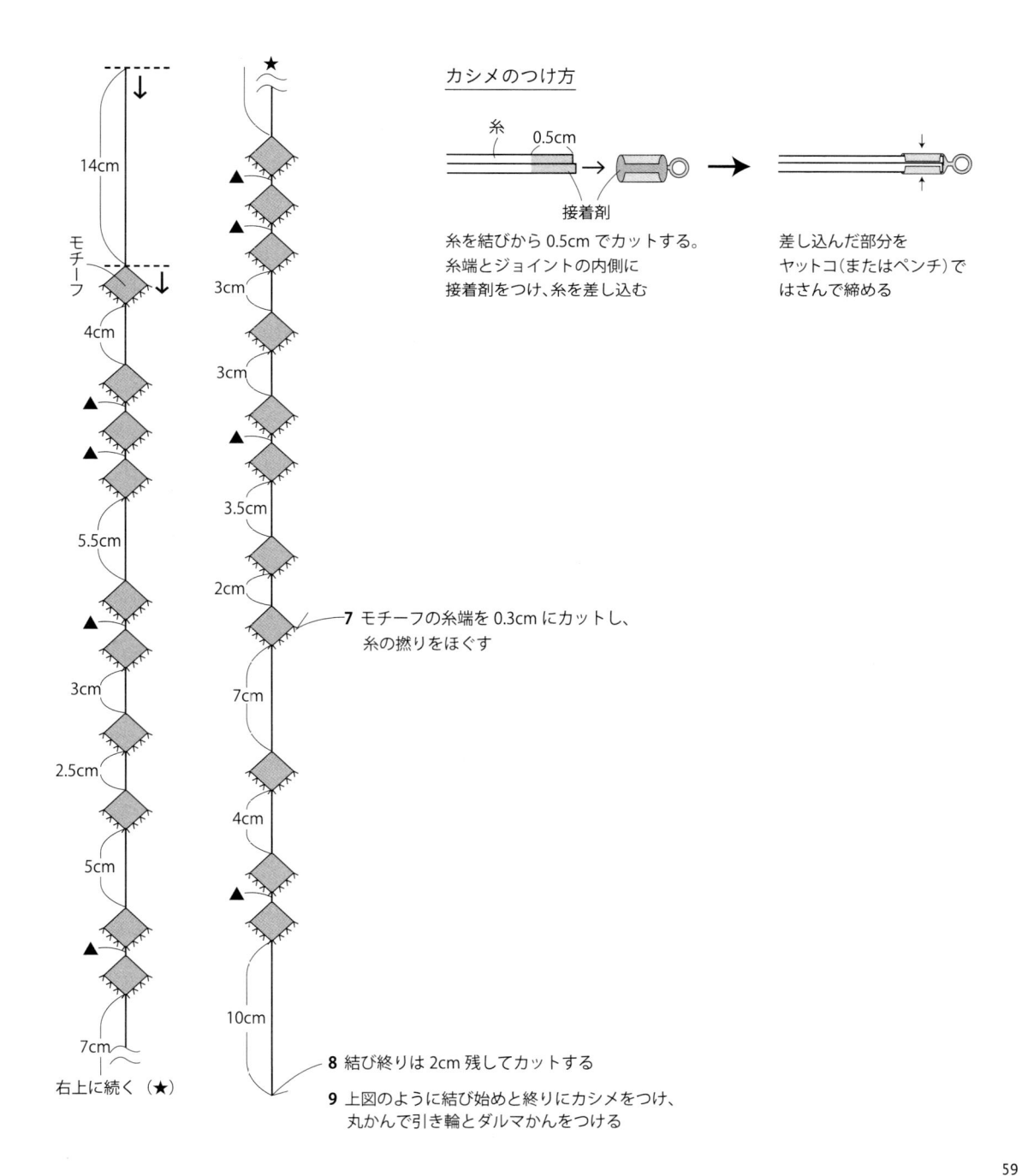

カシメのつけ方

糸

0.5cm

接着剤

糸を結びから 0.5cm でカットする。
糸端とジョイントの内側に
接着剤をつけ、糸を差し込む

差し込んだ部分を
ヤットコ（またはペンチ）で
はさんで締める

14cm

モチーフ

4cm

5.5cm

3cm

2.5cm

5cm

7cm

右上に続く（★）

3cm

3cm

3.5cm

2cm

7 モチーフの糸端を 0.3cm にカットし、
糸の撚りをほぐす

7cm

4cm

10cm

8 結び終りは 2cm 残してカットする

9 上図のように結び始めと終りにカシメをつけ、
丸かんで引き輪とダルマかんをつける

Bracelet ►P.12 （写真上）

クロス模様が個性的なブレスレット。
渡し糸がたるみやつれのないように
自然に落ち着くように注意すれば、
きれいな仕上りになります。

● でき上がりサイズ（モチーフ部分）
幅約2.3cm、長さ約15.5cm

● 材料
たこ糸＃10（生成）
　糸A：220cmを3本、糸B：130cmを3本、
　糸C：30cmを7本
リボンどめ金具（アンティークゴールド）2.3cm幅を2個
引き輪、ダルマかん（アンティークゴールド）各1個
丸かん（アンティークゴールド）直径0.4cmを2個

リボンどめ金具のつけ方

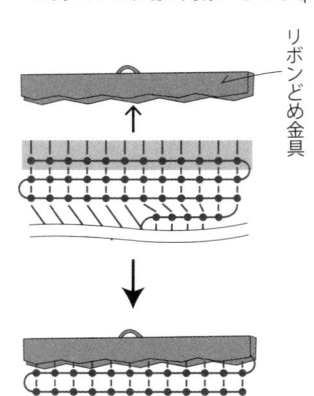

0.5cm
裏側

① 糸Cの結び終りの糸端を裏側に折り返し、
　接着剤でとめる。
　乾いたら0.5cm残してカットする
　※上側の★の糸端も同様にとめる（p.38）

リボンどめ金具

② ▨部分をリボンどめ金具に差し込み、
　ヤットコ（またはペンチ）ではさんで締める

◆記号図

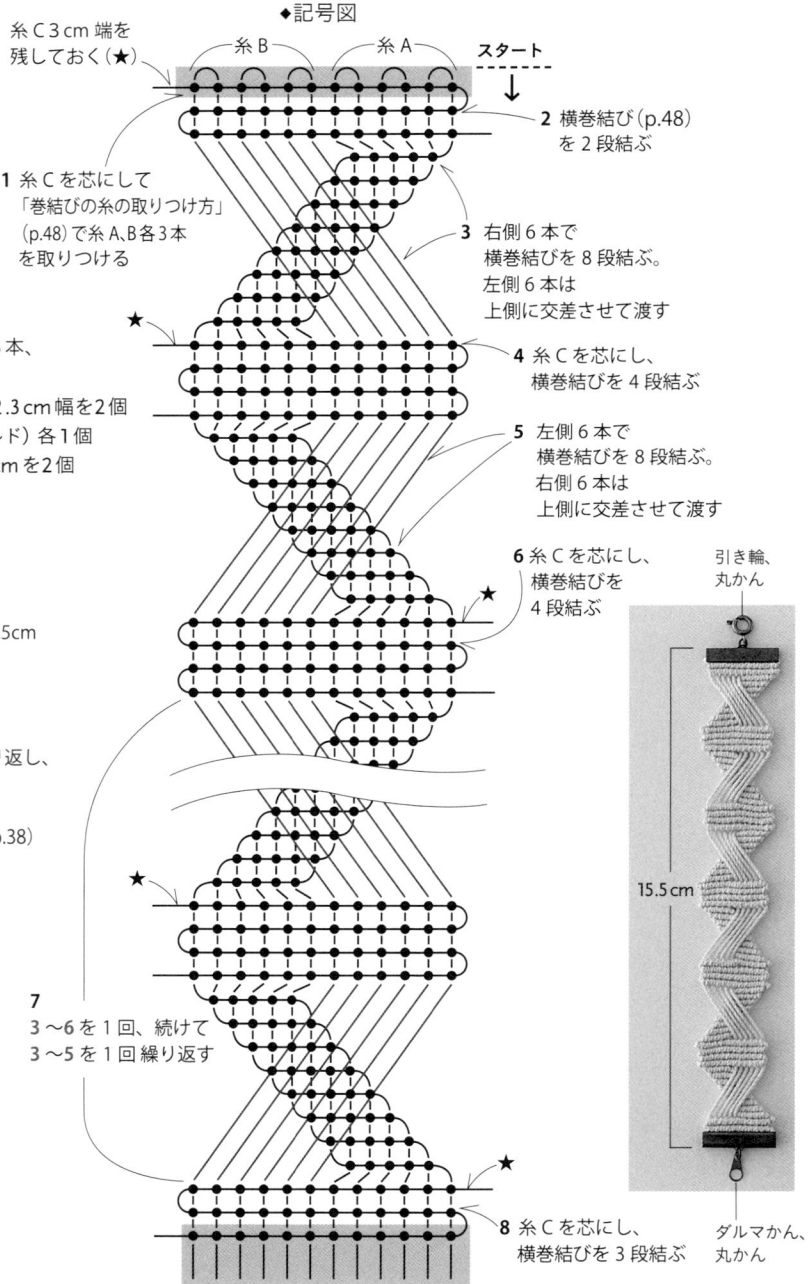

糸C 3cm端を残しておく（★）

糸B　糸A　スタート

1 糸Cを芯にして
「巻結びの糸の取りつけ方」
（p.48）で糸A、B各3本
を取りつける

2 横巻結び（p.48）
を2段結ぶ

3 右側6本で
横巻結びを8段結ぶ。
左側6本は
上側に交差させて渡す

4 糸Cを芯にし、
横巻結びを4段結ぶ

5 左側6本で
横巻結びを8段結ぶ。
右側6本は
上側に交差させて渡す

6 糸Cを芯にし、
横巻結びを
4段結ぶ

引き輪、
丸かん

15.5cm

7
3〜6を1回、続けて
3〜5を1回繰り返す

8 糸Cを芯にし、
横巻結びを3段結ぶ

ダルマかん、
丸かん

9 糸端を始末し（p.38）、▨部分をリボンどめ金具に差し込み、ヤットコ（またはペンチ）で
はさんで締める。丸かんでダルマかんをつける（反対側には引き輪をつける）

Bracelet - P.12（写真下）

波形デザインのブレスレット。
縦巻結びで、結び糸を折り返して弧を作るときは、
作りたい高さのところにピンをとめて
その外を通らせて巻結び、
次にさらにその外側に
ピンをとめて巻結びをし、
一回り大きな弧を作ります。
これを繰り返して均等な波形を作っていきます。

◉ でき上りサイズ（モチーフ部分）
幅約3cm、長さ約15.5cm

◉ 材料
たこ糸＃10（生成）
　糸A：150cmを8本、糸B：30cmを1本
リボンどめ金具（アンティークゴールド）3cm幅を2個
引き輪、ダルマかん（アンティークゴールド）　各1個
丸かん（アンティークゴールド）直径0.4cmを2個

◆記号図

スタート

2 横巻結びを
2段結ぶ

一模様
（★）

3 1本を芯にして残り4本の
結び糸を折り返しながら
縦巻結び（p.49）を結ぶ

ダルマかん、丸かん

15.5cm

4 ★を9回結ぶ

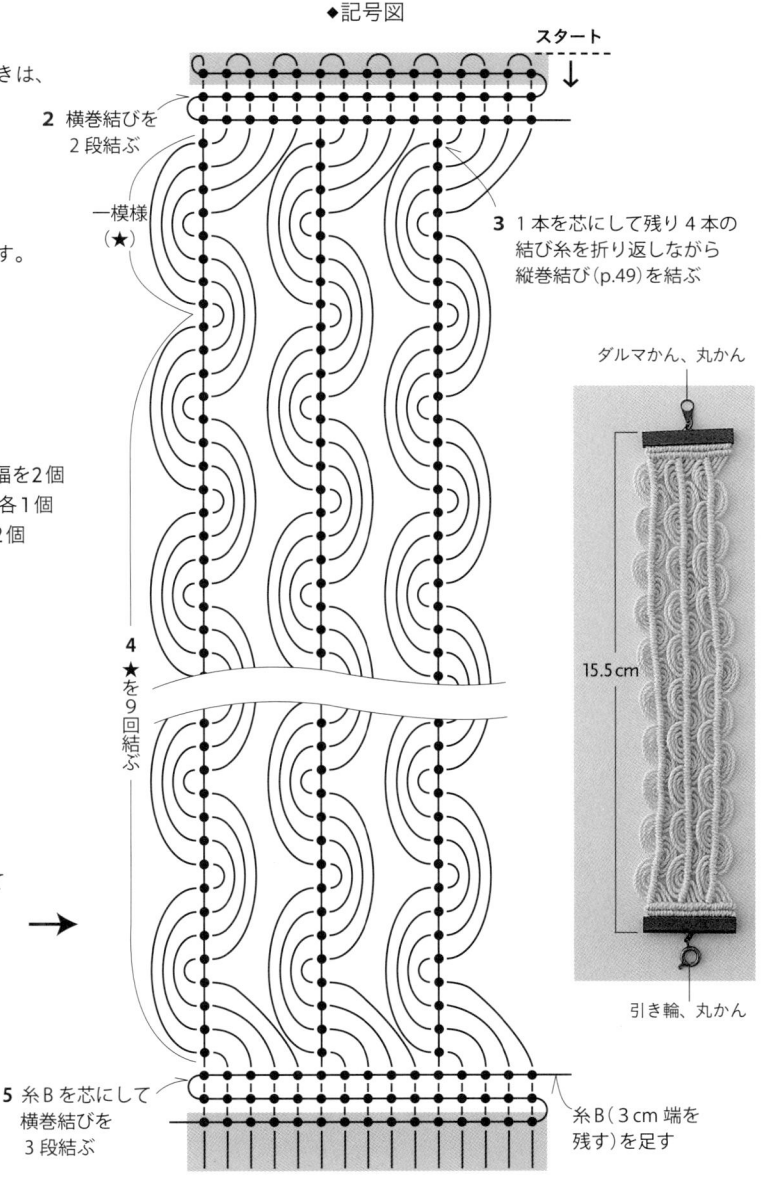

引き輪、丸かん

1

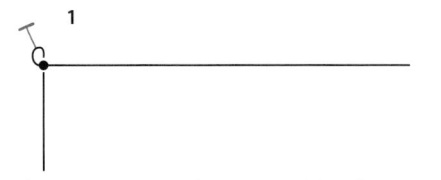

①糸A1本の中央をピンでとめ、片方を芯にして
　横巻結び（p.48）

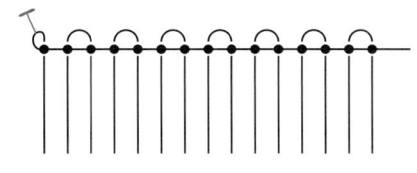

②続けて糸A7本を「巻結びの糸の取りつけ方」
　（p.48）で取りつける

5 糸Bを芯にして
横巻結びを
3段結ぶ

糸B（3cm端を
残す）を足す

6 糸端を始末し（p.38）、▨部分をリボンどめ金具に差し込み、
ヤットコ（またはペンチ）ではさんで締める（p.60）。
丸かんでダルマかんをつける（反対側には引き輪をつける）

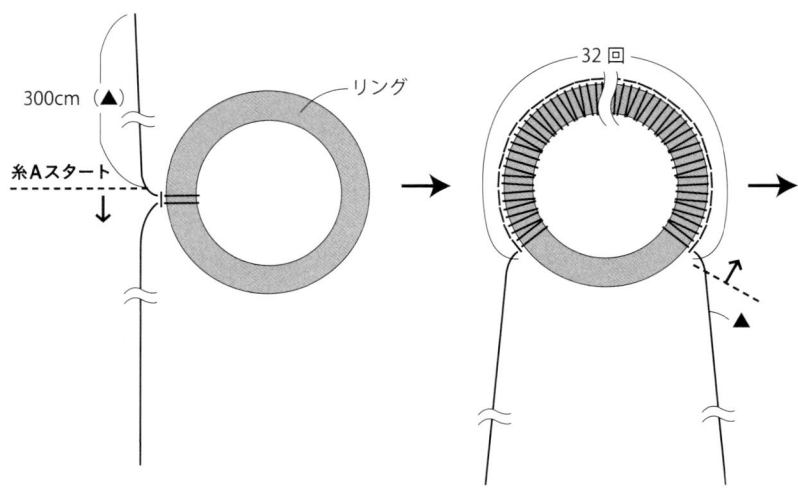

300cm（▲）

リング

糸Aスタート

↓

→

32回

↑
▲

1 リングを芯にし、糸 A で左タッチング結び（p.47）を 32 回結ぶ。
　糸端は 300cm 残す（▲）。リングの向きを変え、糸端を下に置き、
　リングの 4 分の 1 程度あけておく

Belt　►P.14

七宝結びのモチーフと渡し糸の
軽やかなデザインのベルト。
渡し糸の間隔が均等になるように
結んでいくのがポイントです。

◉でき上りサイズ（フリンジ部分除く）
長さ約 73 cm

◉材料
たこ糸 # 20（生成）
　糸A：600cmを1本、糸B：500cmを6本
プラスチックリング　外径40mmを1個

◆記号図

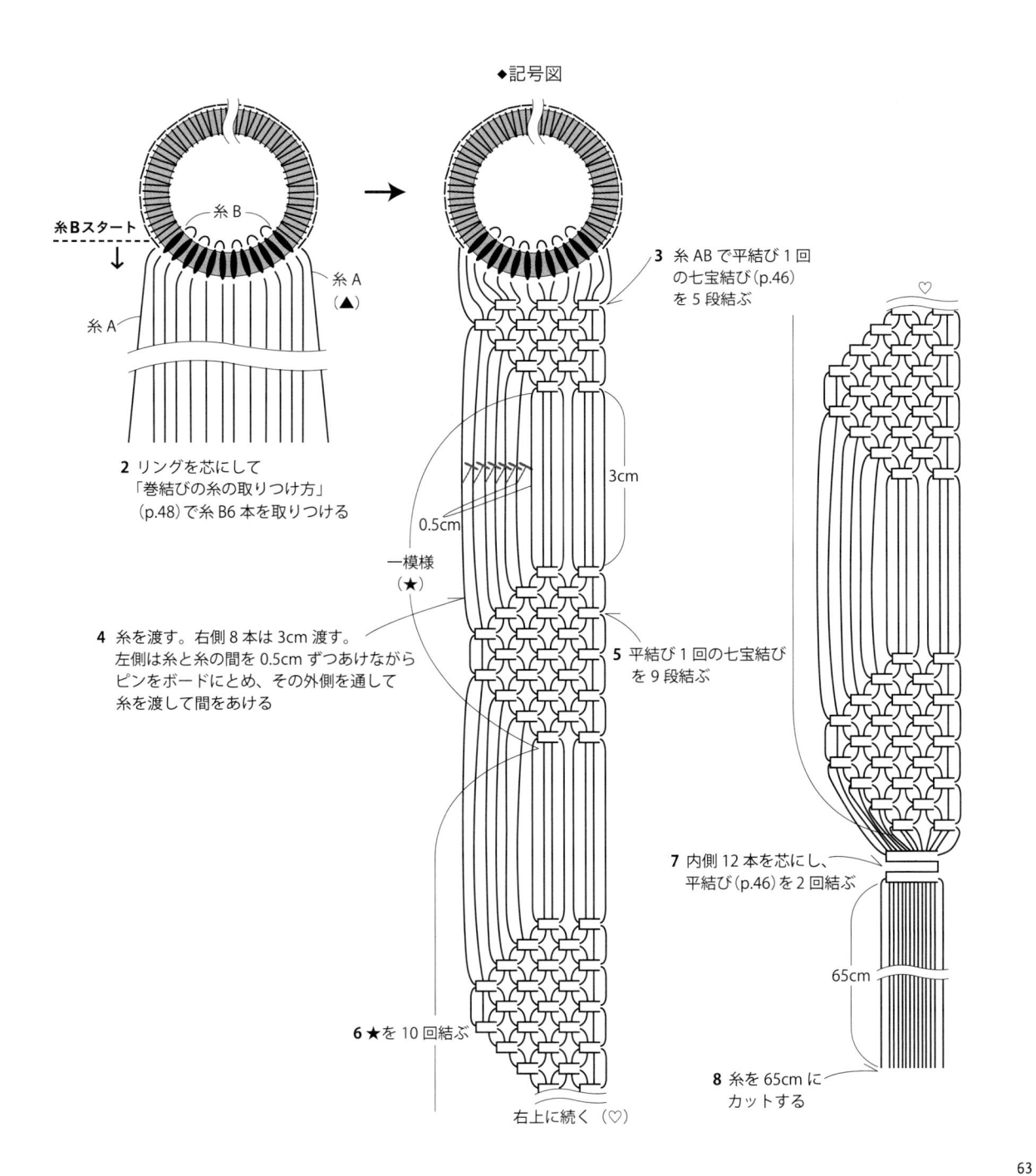

糸Bスタート

糸B

糸A
（▲）

糸A

2 リングを芯にして
「巻結びの糸の取りつけ方」
（p.48）で糸B6本を取りつける

一模様
（★）

4 糸を渡す。右側8本は3cm渡す。
左側は糸と糸の間を0.5cmずつあけながら
ピンをボードにとめ、その外側を通して
糸を渡して間をあける

0.5cm

3cm

3 糸ABで平結び1回
の七宝結び（p.46）
を5段結ぶ

5 平結び1回の七宝結び
を9段結ぶ

6 ★を10回結ぶ

右上に続く（♡）

7 内側12本を芯にし、
平結び（p.46）を2回結ぶ

65cm

8 糸を65cmに
カットする

Barretta →P.17 (写真上)

ヘリンボーンのような結び目のバレッタ。
全面が同じ模様になるように、
1段めを通常の巻結びのように芯に糸をつける方法ではなく、
作り始めから裏巻結びにしています。

◉ でき上りサイズ　約10×4cm
◉ 材料
ジュートフィックス 細タイプ（生成・351）
　糸A：150cmを5本、糸B：120cmを1本
バレッタ金具（シルバー）長さ8cmを1個

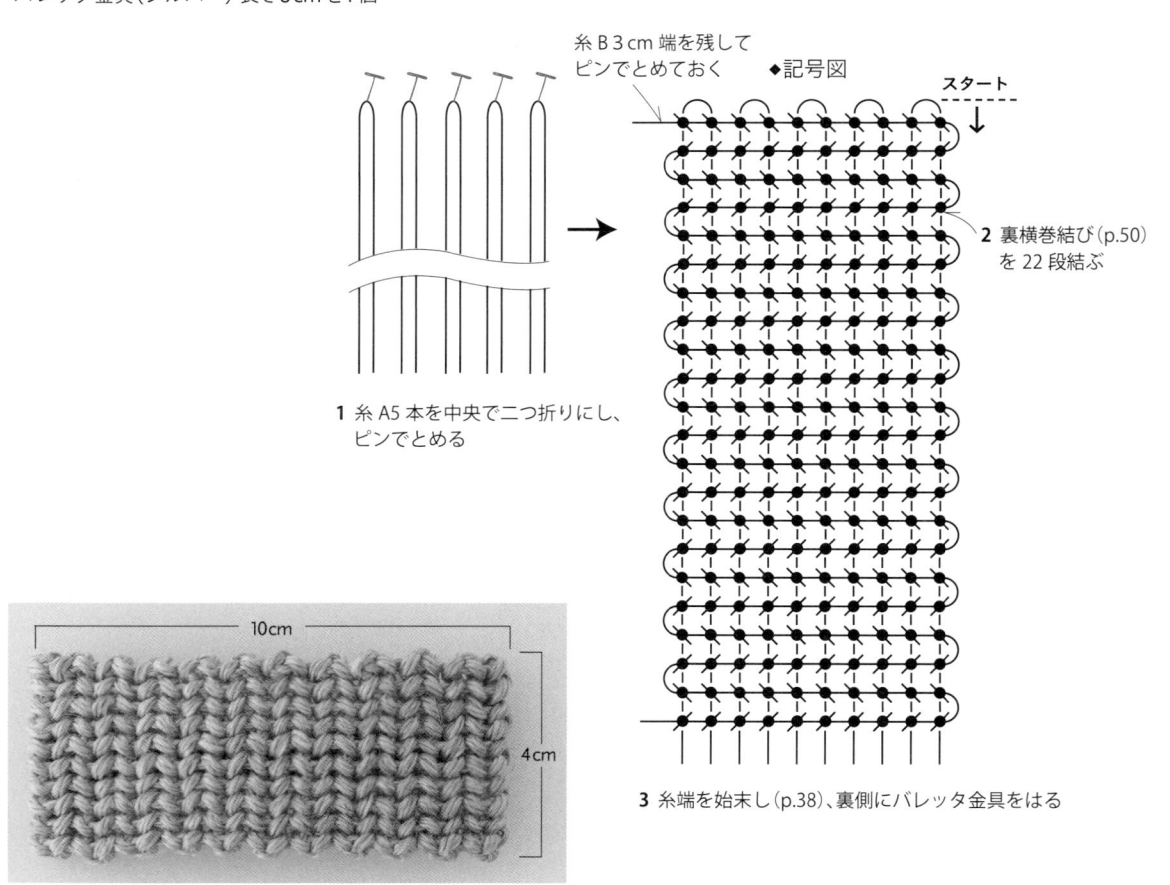

糸B3cm端を残して
ピンでとめておく　　◆記号図

スタート

1 糸A5本を中央で二つ折りにし、
　　ピンでとめる

2 裏横巻結び（p.50）
　　を22段結ぶ

10cm

4cm

3 糸端を始末し（p.38）、裏側にバレッタ金具をはる

Barretta →P.17 (写真下)

くるくるの結び目がおもしろいバレッタは
巻結びのリング結びで作っています。

◎ でき上りサイズ　約10×4cm

◎ 材料
たこ糸 # 30 (生成)
　糸A：60cmを5本、糸B：1100cmを1本
バレッタ金具 (シルバー) 長さ8cmを1個

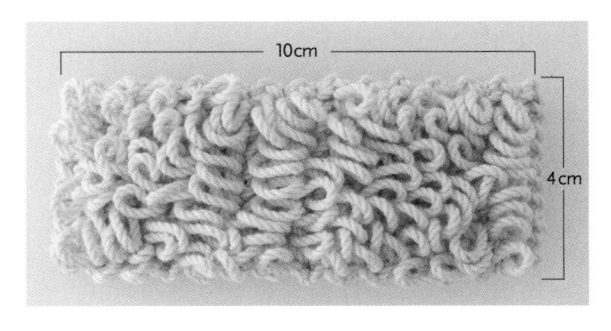

糸B 3cm 端を残して
ピンでとめておく

◆記号図

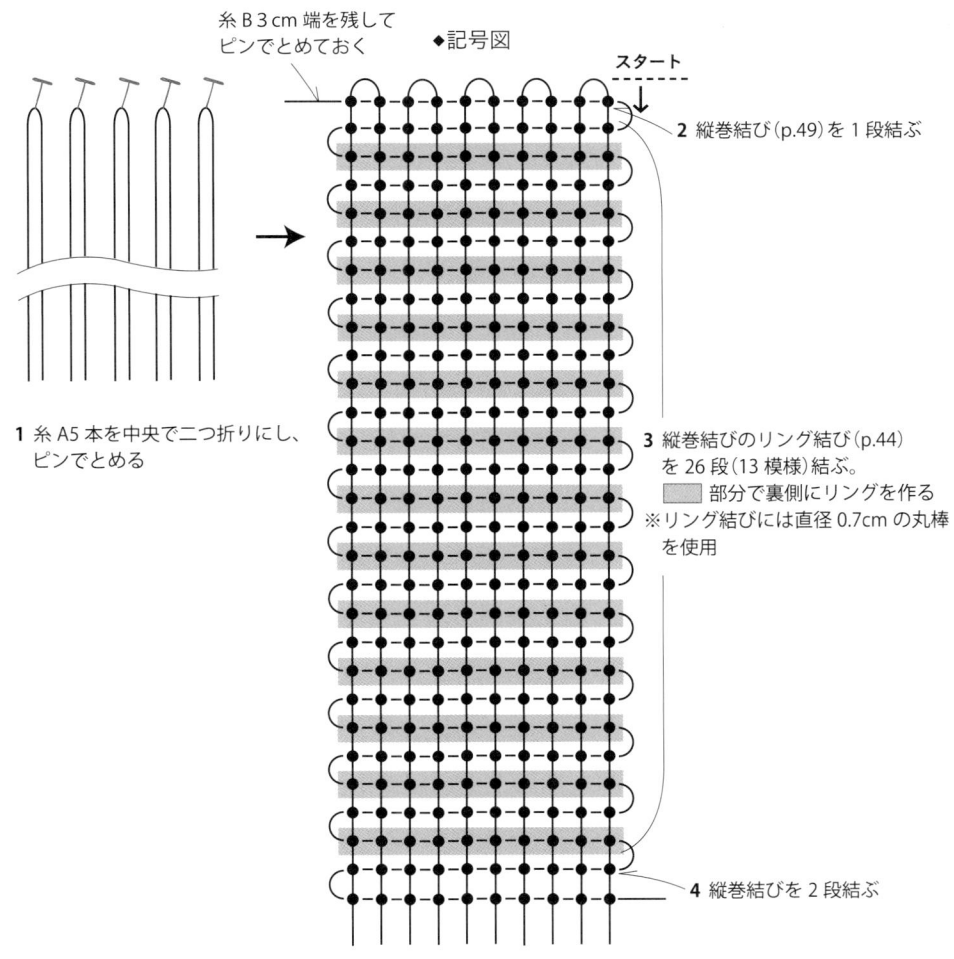

スタート

2 縦巻結び (p.49) を 1 段結ぶ

1 糸 A 5 本を中央で二つ折りにし、
　ピンでとめる

3 縦巻結びのリング結び (p.44)
　を 26 段 (13 模様) 結ぶ。
　▨ 部分で裏側にリングを作る
　※リング結びには直径 0.7cm の丸棒
　を使用

4 縦巻結びを 2 段結ぶ

5 糸端を表側で始末し (p.38)、表側にバレッタ金具をはる
　※裏側が表になる

Belt with Pouch ← P.18

小さなポーチつきのベルトは
基本的な平結びの七宝結びで作ります。
取りはずしできるので、ベルト、ポーチ、
単体でも使えます。
ポーチは平面で作り、
最後に両脇をはぎ合わせて仕上げます。

◉でき上がりサイズ　図参照
◉材料
ジュートフィックス 極細タイプ(生成・350)
Belt　620cmを6本
Pouch　200cmを34本
バックル(アンティークゴールド) 幅2cmを1個
ひねり金具(アンティークゴールド)
　ひねり幅1.5cmを1組み

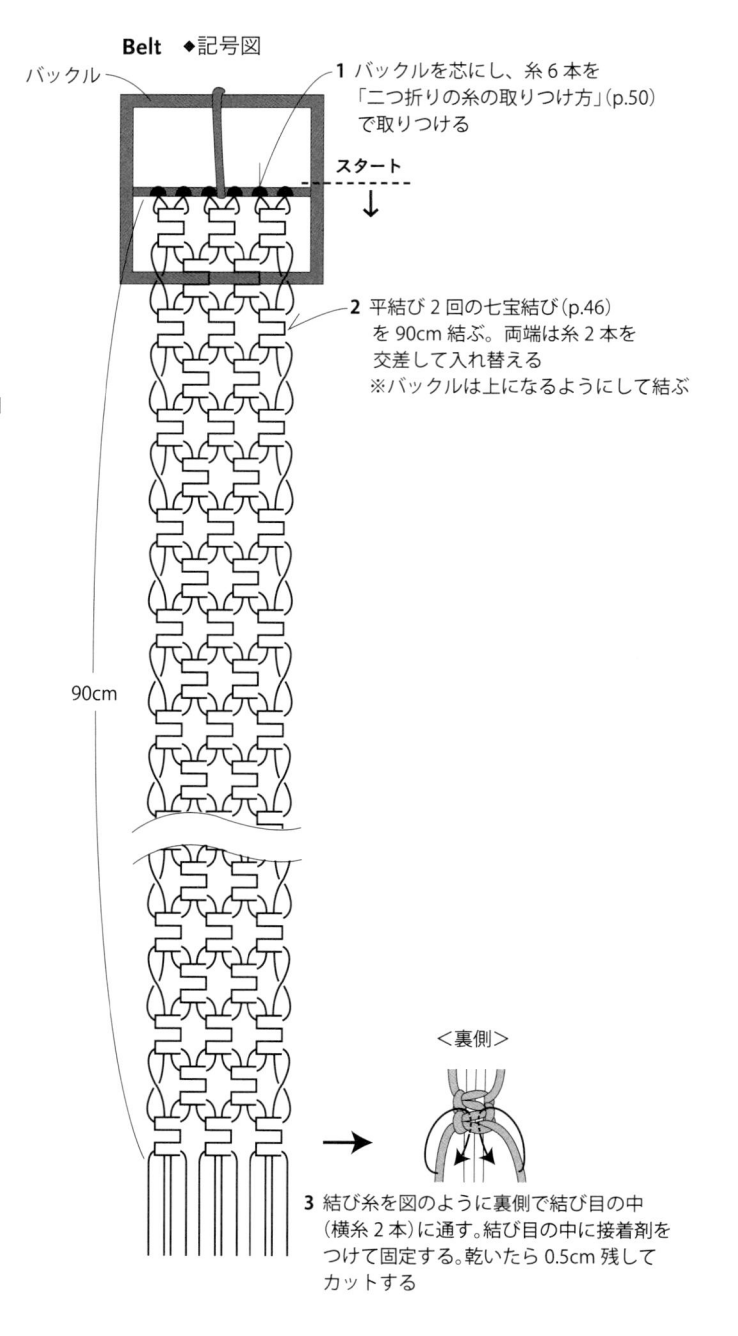

Belt ◆記号図

バックル

1 バックルを芯にし、糸6本を
「二つ折りの糸の取りつけ方」(p.50)
で取りつける

スタート

2 平結び2回の七宝結び(p.46)
を90cm結ぶ。両端は糸2本を
交差して入れ替える
※バックルは上になるようにして結ぶ

90cm

＜裏側＞

3 結び糸を図のように裏側で結び目の中
(横糸2本)に通す。結び目の中に接着剤を
つけて固定する。乾いたら0.5cm残して
カットする

Pouch 数字は段数の数　　　　◆記号図

1 糸34本を中央で二つ折りにして
ピンでとめて結び始める(p.36 参照)

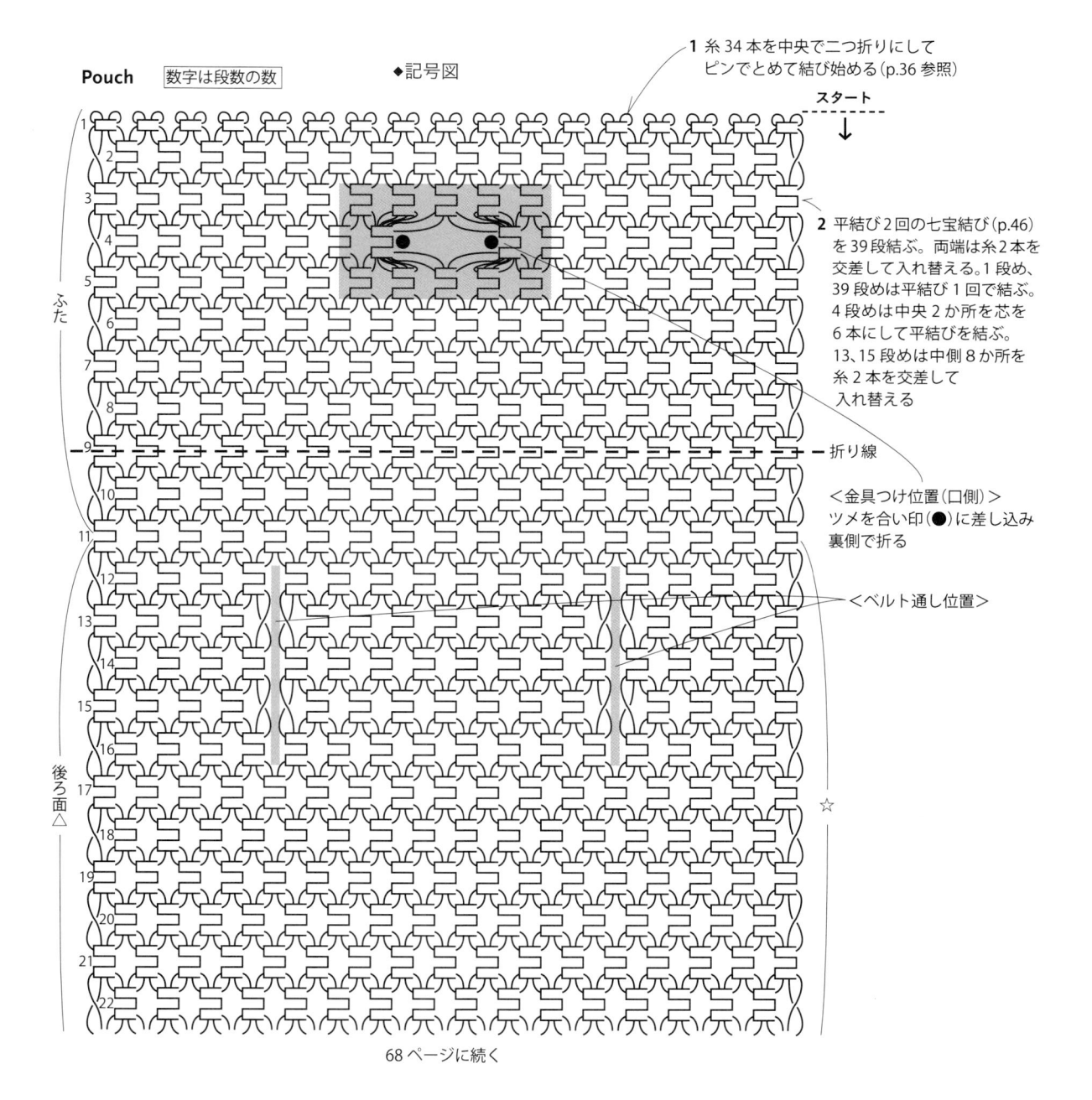

スタート
↓

2 平結び2回の七宝結び(p.46)
を39段結ぶ。両端は糸2本を
交差して入れ替える。1段め、
39段めは平結び1回で結ぶ。
4段めは中央2か所を芯を
6本にして平結びを結ぶ。
13、15段めは中側8か所を
糸2本を交差して
入れ替える

折り線

<金具つけ位置(口側)>
ツメを合い印(●)に差し込み
裏側で折る

<ベルト通し位置>

ふた

後ろ面△

☆

67 ページ記号図続き

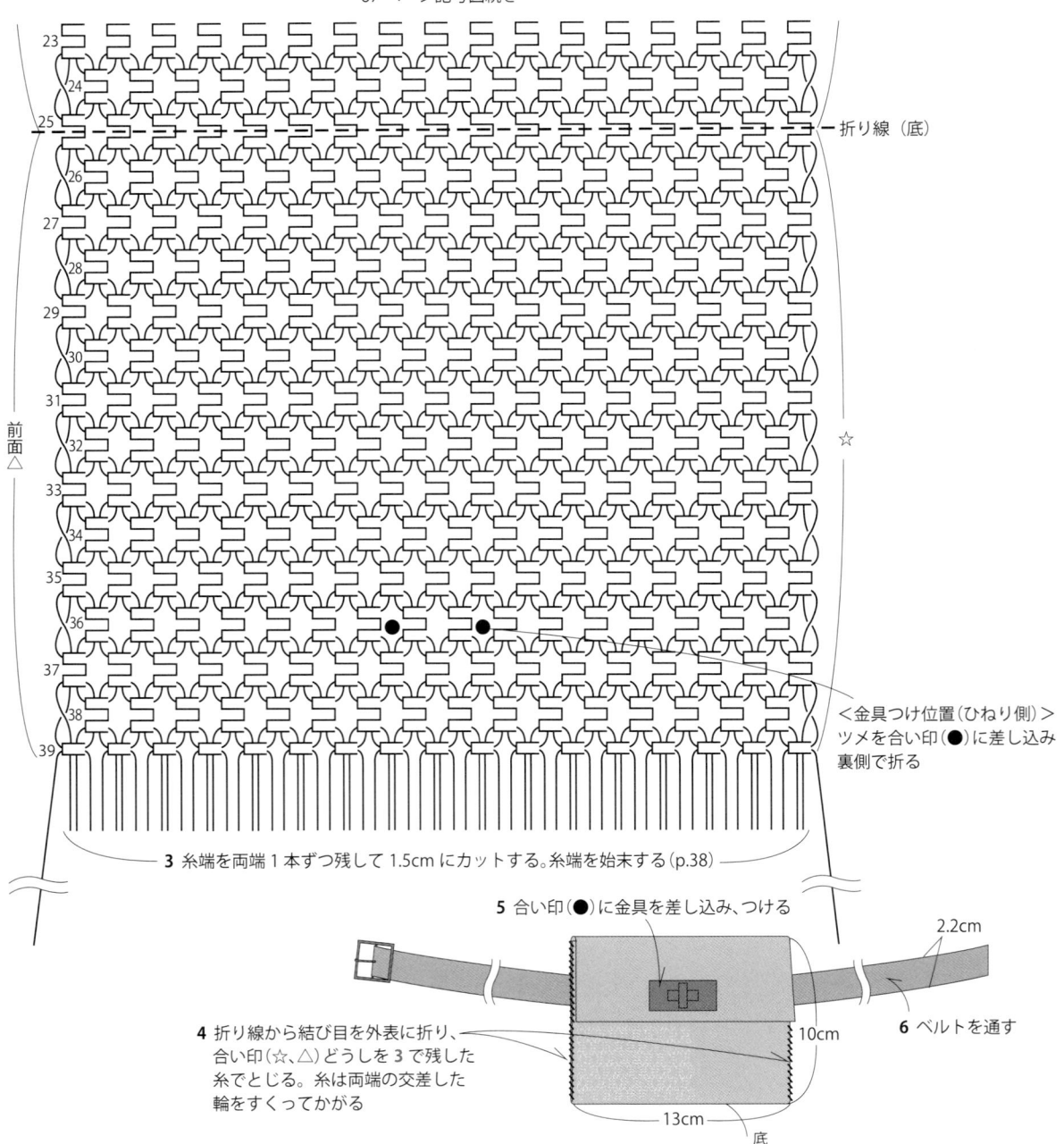

折り線（底）

前面 △

☆

23
24
25
26
27
28
29
30
31
32
33
34
35
36
37
38
39

＜金具つけ位置（ひねり側）＞
ツメを合い印（●）に差し込み
裏側で折る

3 糸端を両端 1 本ずつ残して 1.5cm にカットする。糸端を始末する（p.38）

5 合い印（●）に金具を差し込み、つける

2.2cm

6 ベルトを通す

4 折り線から結び目を外表に折り、
合い印（☆、△）どうしを **3** で残した
糸でとじる。糸は両端の交差した
輪をすくってかがる

10cm

13cm

底

Belt ►P.28

コットンコードをほぐした糸の束を、
別糸でところどころまとめ結びをして
作ります。
結ぶ糸の色を替えても。

◉ でき上りサイズ（フリンジ部分除く）
長さ約150cm

◉ 材料
コットンコード・ソフト3（生成・271）
　糸A：200cmを16本
ミサンガ糸（オフホワイト・151）
　糸B：40cmを18本、
　糸C：30cmを14本
（ブラック・168）
　糸D：40cmを18本、
　糸E：30cmを14本

1 糸A16本の撚りをほどく（A1本で3本にほぐれる）。
　合計48本の糸を束ねる

スタート

2 糸Aを中央でそろえ、糸B、D各1本の2本どり
　でまとめ結び（p.47）を1.2cm。縞模様になるよう、
　2本が重ならないようにまとめ結びをする

7cm（★）
1.2cm

3 間を7cmあけて**2**と同様に
　まとめ結びをする

4 **3**を7回繰り返す

8 **4**〜**7**と同様に
　反対側もまとめ結びをする

5〜**7**部分拡大写真

5 間を2.5cmあけて**2**と同様に
　まとめ結びをする

2.5cm

6 糸Aを3等分（16本ずつ）に分け、
　間を2.5cmあけて
　糸C、E各1本の2本どりでまとめ
　結びを1cm。縞模様になるよう、
　2本が重ならないように
　まとめ結びをする

2.5cm
1cm
2.5cm
1cm
20cm

7 糸Aを4等分（12本ずつ）に分け、
　6と同様にまとめ結びをする

9 糸Aの端を20cmにそろえてカットする

Pouch ►P.19

平結びのリング結びがポイントのポーチ。
筒状に作っていくタイプですが、
小さいので中にボードなどを入れずに、
平面のものと同様にボードに固定して
ずらしながら結んでいく方法で作ります。

◉でき上りサイズ　図参照

◉材料
コットンスペシャル2mm（生成・1001）
　糸A：200cmを24本、
　糸B：140cmを24本
ボタン 3×1.5cm の ひょうたん形を1個
手縫い糸

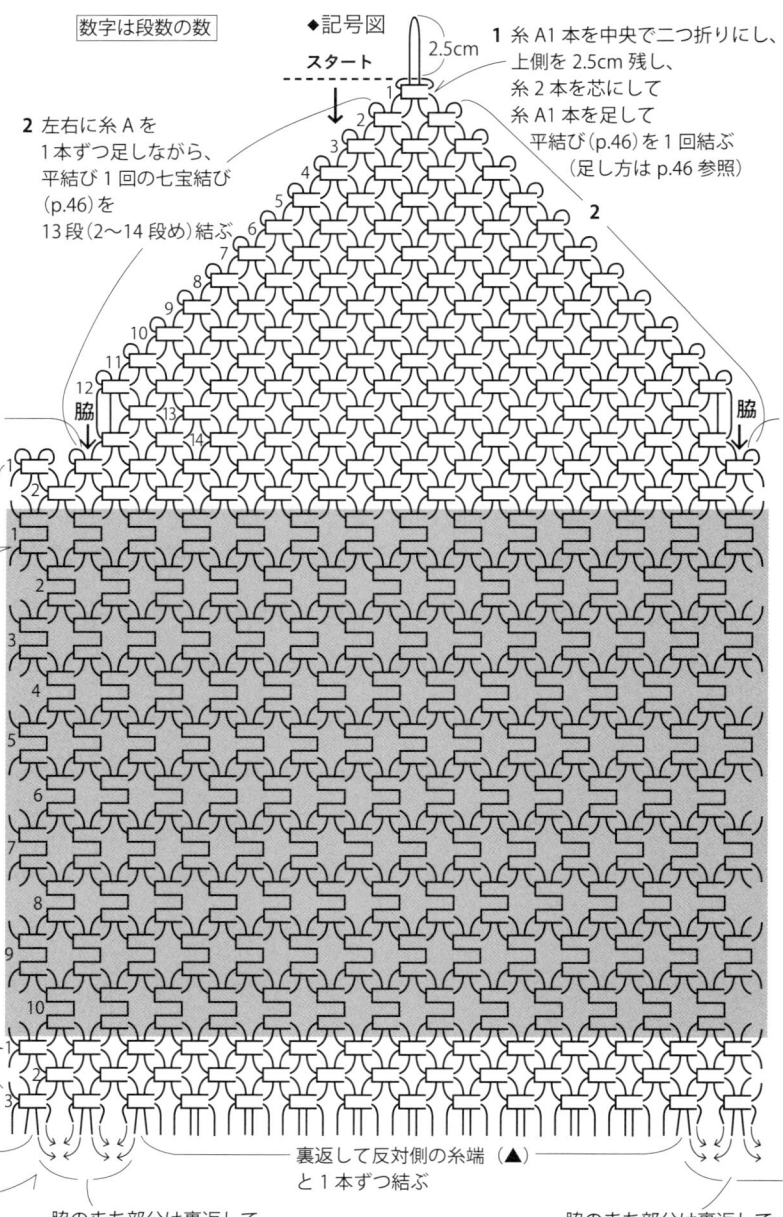

数字は段数の数

◆記号図

スタート

2.5cm

1 糸 A1 本を中央で二つ折りにし、
上側を 2.5cm 残し、
糸 2 本を芯にして
糸 A1 本を足して
平結び（p.46）を 1 回結ぶ
（足し方は p.46 参照）

2 左右に糸 A を
1 本ずつ足しながら、
平結び 1 回の七宝結び
（p.46）を
13 段（2〜14 段め）結ぶ

脇

脇

2

4 p.44 を参照し、「平結びの
リング結び」を平結びの
七宝結びと同様に糸をずらし
ながら筒状に 10 段結ぶ。
▨部分
※リング結びには直径 0.7cm の
丸棒を使用

★

5 平結び 1 回の七宝結びを
筒状に 3 段結ぶ

6 底を裏側で本結び（p.47）し、
結び目を接着剤でとめる。
乾いたら糸端をカットする

脇のまち部分は裏返して
矢印どうしを結ぶ

裏返して反対側の糸端（▲）
と 1 本ずつ結ぶ

脇のまち部分は裏返して
矢印どうしを結ぶ

70

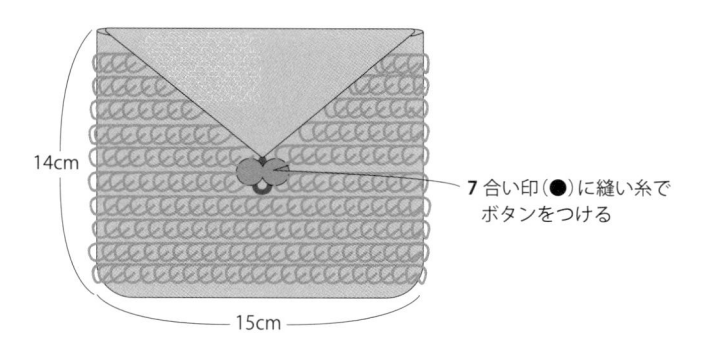

14cm

15cm

7 合い印（●）に縫い糸で
ボタンをつける

3 糸 B24 本を中央で二つ折りにしてピンでとめて
―――― 平結び 1 回の七宝結びを筒状にしながら 2 段結ぶ ――――

＜ボタンつけ位置＞

★に続く

▲

Tablet Case – P.20 （写真左）

白黒の糸を交互に並べて
斜めに左右結びをしていくと、
ストライプ模様に。
平行四辺形に作り、
最後にとじて袋状にします。

◉ でき上りサイズ　図参照

◉ 材料
コットンスペシャル3mm
　（生成・1021）糸A：280cmを18本、
　とじ糸：100cmを1本
　（ブラック・1028）糸B：280cmを18本
ボタン 直径2cmを1個
手縫い糸

◆記号図

脇
折り線

＜ボタンつけ位置＞

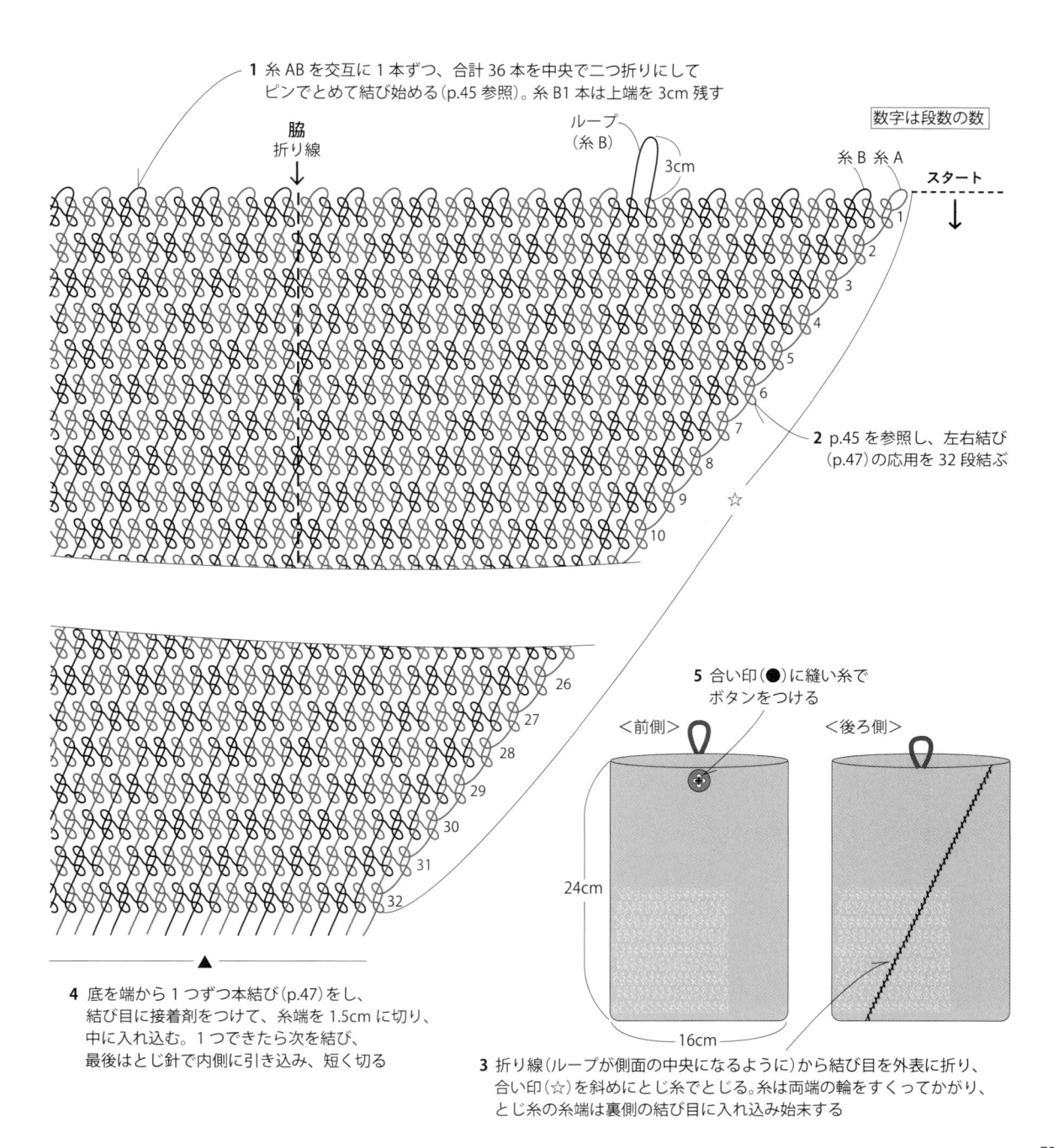

1 糸 AB を交互に 1 本ずつ、合計 36 本を中央で二つ折りにして
ピンでとめて結び始める(p.45 参照)。糸 B1 本は上端を 3cm 残す

脇
折り線

ループ
(糸 B)
3cm

数字は段数の数

糸 B 糸 A

スタート

2 p.45 を参照し、左右結び
(p.47)の応用を 32 段結ぶ

5 合い印(●)に縫い糸で
ボタンをつける

<前側>　　　<後ろ側>

24cm

16cm

4 底を端から 1 つずつ本結び(p.47)をし、
結び目に接着剤をつけて、糸端を 1.5cm に切り、
中に入れ込む。1 つできたら次を結び、
最後はとじ針で内側に引き込み、短く切る

3 折り線(ループが側面の中央になるように)から結び目を外表に折り、
合い印(☆)を斜めにとじ糸でとじる。糸は両端の輪をすくってかがり、
とじ糸の糸端は裏側の結び目に入れ込み始末する

73

Clutch Bag ▸P.20（写真右）、21

大型のクラッチバッグは
七宝結びをすきまなく、
形が決まるようにしっかりと
糸を引いて結ぶのがポイント。
底からスタートし、
筒状に作っていくタイプです。

◉でき上りサイズ　図参照
◉材料
コットンコード・ソフト5（黒・253）
　260cmを80本

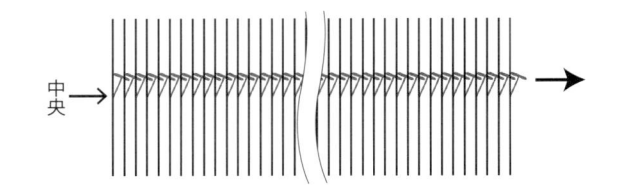

1 糸76本を中央でピンでとめて結び始める

☆であけた2cmの部分で折り返す

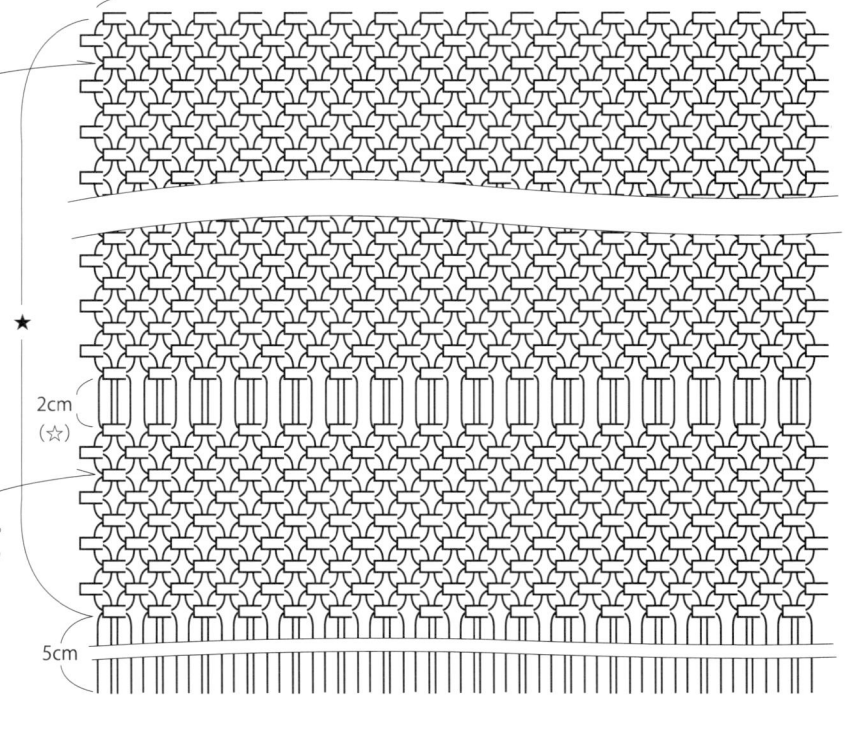

25cm

39cm

底から
スタート

4 平結び1回の七宝結び
を26段（2〜27段め）
筒状に結ぶ（p.53参照）

2cm
（☆）

5 2cm間をあけ、平結び1回
の七宝結びを9段筒状に結ぶ。
糸端は5cm残してカットする

5cm

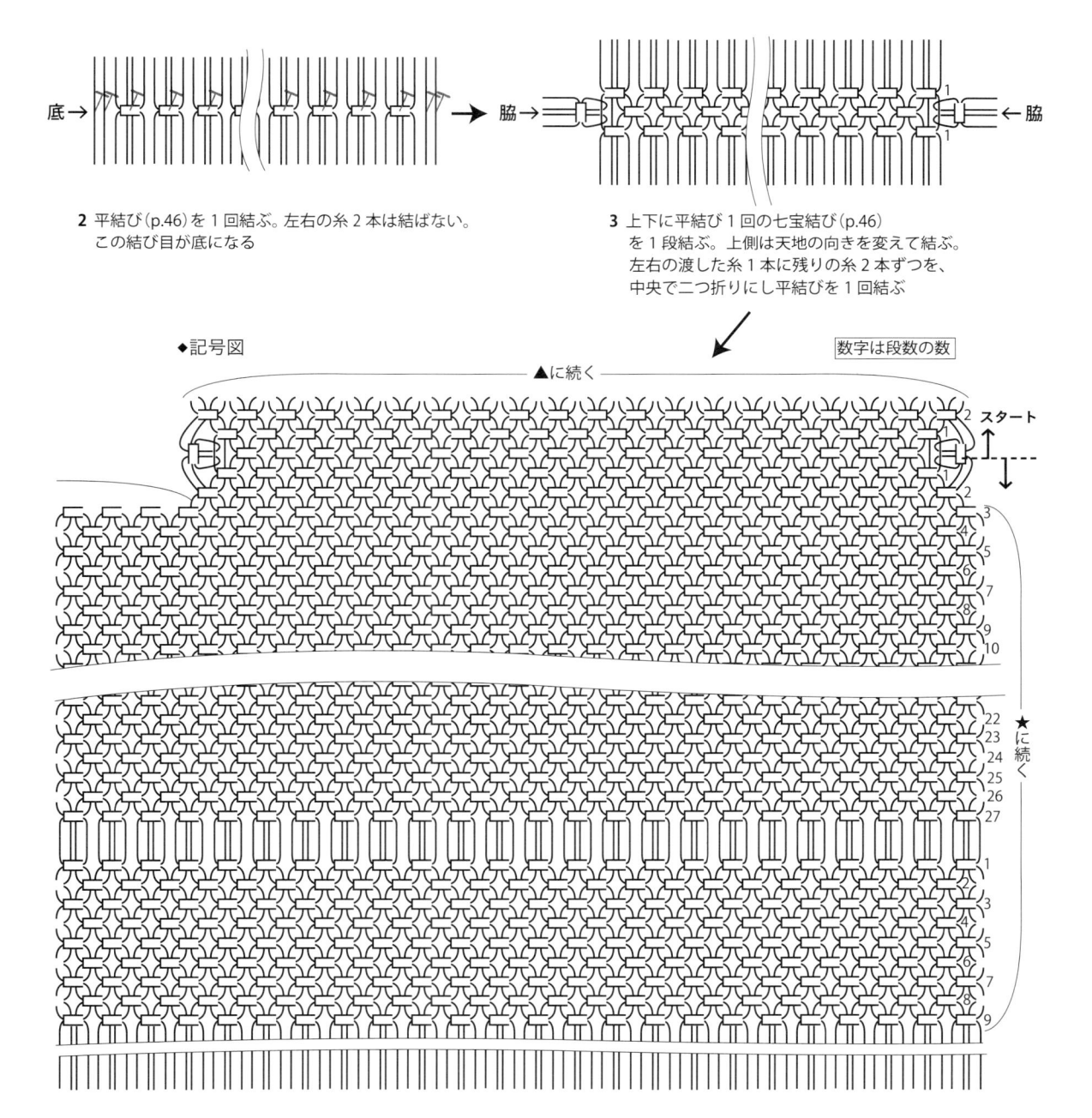

2 平結び(p.46)を 1 回結ぶ。左右の糸 2 本は結ばない。
この結び目が底になる

3 上下に平結び 1 回の七宝結び(p.46)
を 1 段結ぶ。上側は天地の向きを変えて結ぶ。
左右の渡した糸 1 本に残りの糸 2 本ずつを、
中央で二つ折りにし平結びを 1 回結ぶ

◆記号図

数字は段数の数

▲に続く

2 スタート

★に続く

Bag ⤷P.22

間隔をあけた七宝結びの軽やかなバッグ。
バッグの前と後ろ2枚(一部分)を作ってから
側面をつなげる方法で作ります。

⦿ でき上がりサイズ 図参照
⦿ 材料
コットンコード・ソフト3(生成・271)
　180cmを48本
合皮コード(ゴールド)
　約1cm幅・芯入り　80cmを2本
手縫い糸

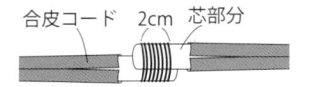
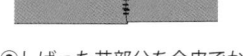

合皮コード　2cm　芯部分

① 合皮コードの両端の縫い目をほどき、芯を出す。芯を重ねて2cm縫い糸でしばり輪にする

② しばった芯部分を合皮でかぶせ、まつる。同様にもう1本作る

合皮コード

1 輪にした合皮コードを芯にし、「二つ折りの糸の取りつけ方」(p.50)で糸24本を取りつける。合皮コードのつなぎ目は取りつけ部分で隠す

◆記号図

脇

スタート↓

中央
↓

数字は段数の数

2 ▨部分を結ばずに p.39 を参照し、V字に平結び1回の七宝結び(p.46)を12段結ぶ。結びと結びの間は結びの中央からはかって左右に4cmあける(結び目の中央をピンでとめて結ぶといい)

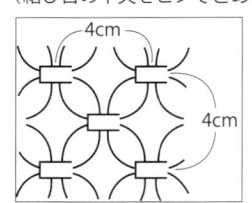

4cm

4cm

1
2
3
4
5
6
7
8
9
10
11
12

★

5 脇で折り、突合せにある反対側の糸(▲)4本と2本、合計6本を芯にして平結び(p.46)を2回結ぶ

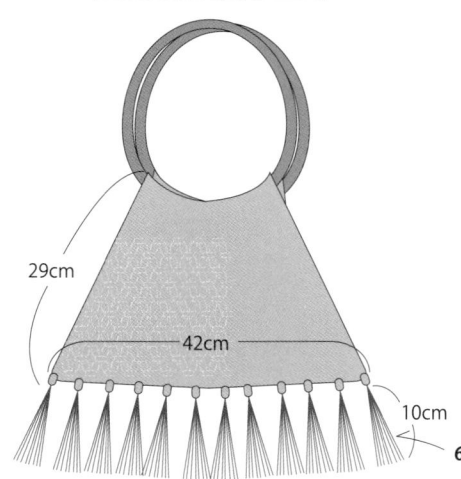

29cm

42cm

10cm

6 糸端を10cmにカットする

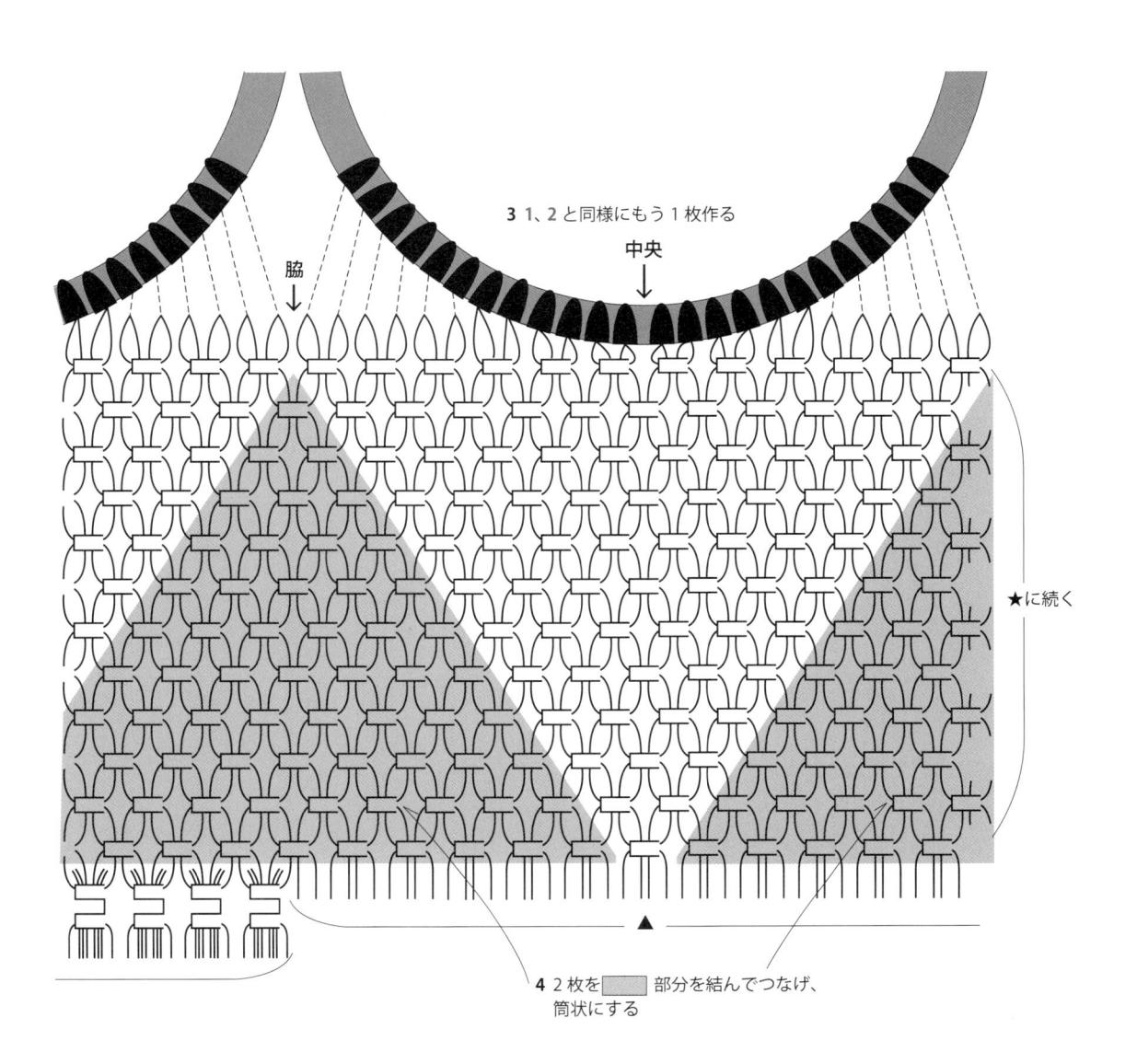

3 1、2と同様にもう1枚作る

脇
↓

中央
↓

★に続く

4 2枚を□部分を結んでつなげ、
筒状にする

Bag ← P.23

七宝結びの巾着型バッグ。
糸を通す穴のあいた底用の楕円モチーフを
使うと作りやすく、形も安定します。
筒状に作っていくタイプです。

◎でき上りサイズ　図参照

◎材料
コットンコード・ソフト3（生成・271）
　180cmを40本
楕円モチーフ（茶・MA2507）1枚
平革コード（茶）0.8cm幅　120cmを2本

2 平結び1回の七宝結び（p.46）を
　21段筒状に結ぶ（p.53参照）。結びと結びの間は
　結びの中央からはかって左右に2.5cmあける
　（結び目の中央をピンでとめて結ぶといい）

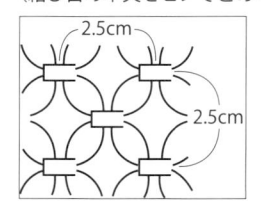

5 平革コード2本を1の二つ折リループに
　脇（楕円モチーフの脇の部分）から左右に通す
　（側面に20本ずつ）。合い印どうし（◆、☆）
　で2本どりでひと結び（p.47）する

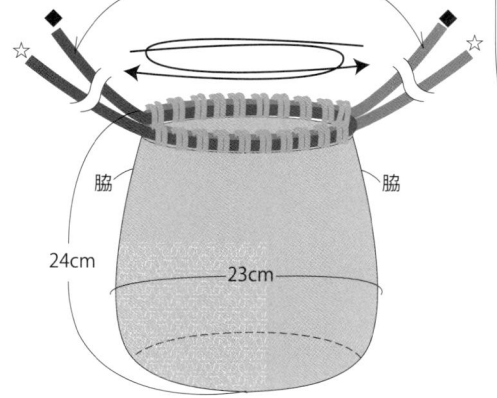

数字は段数の数　◆記号図

1 糸40本を中央で二つ折りにして
　ピンでとめて結び始める（p.36参照）。
　上端を2.5cm残す

スタート

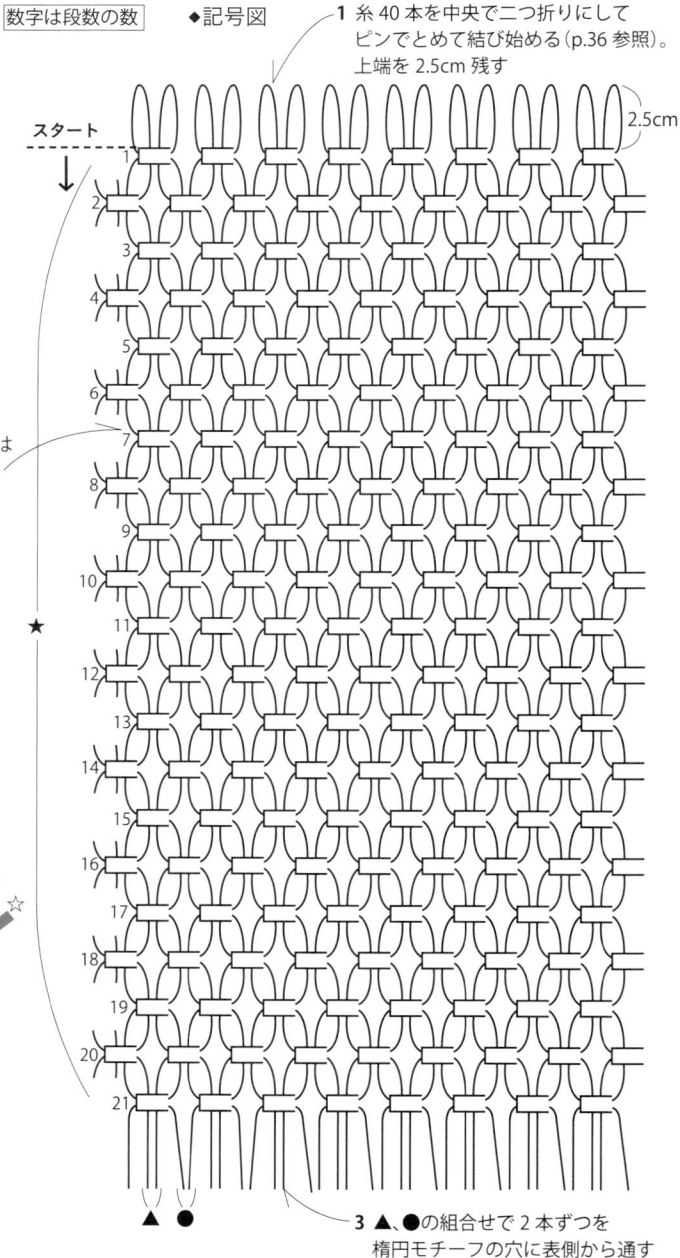

3 ▲、●の組合せで2本ずつを
　楕円モチーフの穴に表側から通す

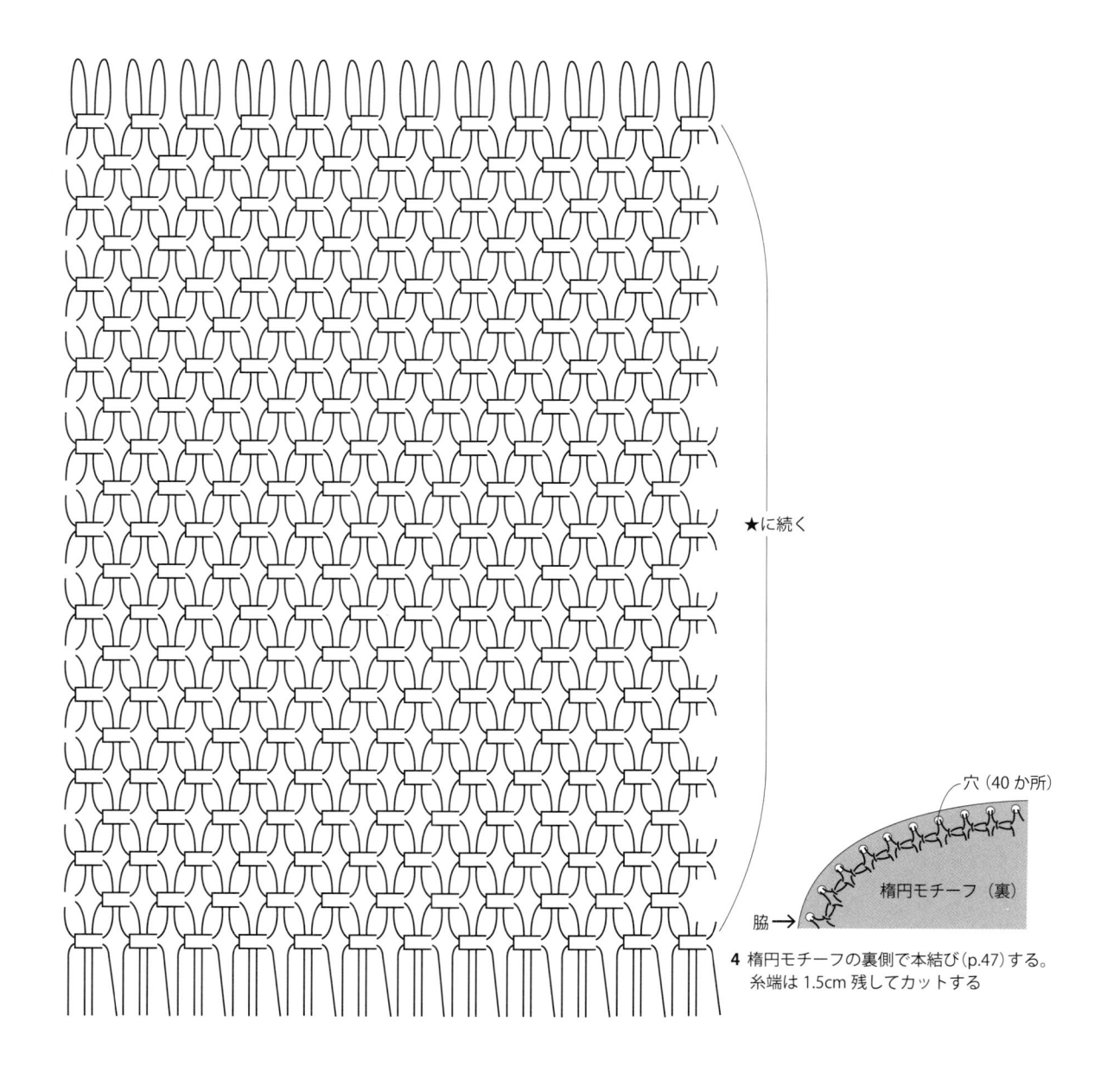

★に続く

脇→

穴（40 か所）

楕円モチーフ（裏）

4 楕円モチーフの裏側で本結び（p.47）する。
糸端は 1.5cm 残してカットする

Brooch ►P.24 （写真左上）

あざみの花をデザインしたブローチ。
裏側にフェルトをはって仕上げます。

◎ でき上がりサイズ　約6×7.5cm

◎ 材料
たこ糸＃10（生成）糸A：60cmを5本、
　糸B：100cmを1本、糸C：30cmを10本
フェルト（ベージュ）6×4cm
ブローチピン（ゴールド）2.4cm幅を1個

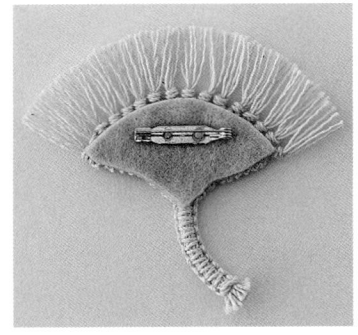

10 フェルトをモチーフの扇形にカットし、
　　裏側に接着剤ではる。
　　ブローチピンをはる

◆記号図

9 糸Aの上側の二つ折りにした部分を0.5cmにカットする。
　　2で結んだ平結びを少しカーブさせる

1cm　　スタート

2 糸Aの上側を1cm残し、糸A10本を芯にして
　　糸Bを足して平結び（p.46）を10回結ぶ
　　（足し方はp.46参照）

3 右側の糸B1本を芯にし、横巻結び（p.48）を
　　4段結ぶ。1、2段めの5か所は糸を裏側に渡す

4 左右結び（p.47）を5回結ぶ

1 糸A5本を中央で二つ折りにし、
　ピンでとめる

6 5で結んだパーツを
　左右結びの間に置き、
　横巻結びを2段結ぶ

1.5cm

7 2本どりでひと結び
　（p.47）を結ぶ

5 糸C1本を芯にして中央に
　「巻結びの糸の取りつけ方」
　（p.48）で糸C1本を取りつける。
　同様のものを5個結ぶ

8 糸を1.5cmにカットする。糸の撚りをほぐす

80

Pierce ►P.24 （写真右下）

こちらもあざみモチーフのピアス。
2個、左右対称になるように結びます。

◉ でき上りサイズ（モチーフ部分）　約3×6cm

◉ 材料
たこ糸＃10（生成）
　糸A：50cmを8本、糸B：30cmを12本
フックピアス（ゴールド）　1組み

◆記号図

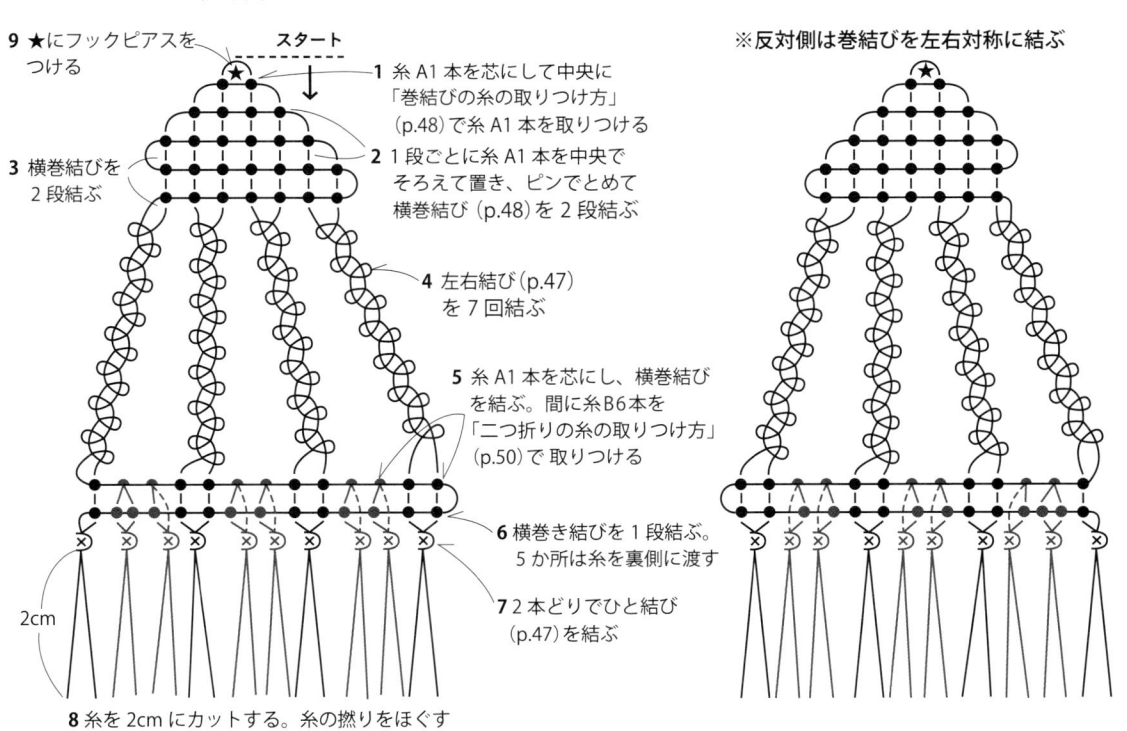

9 ★にフックピアスを
　つける

スタート

1 糸A1本を芯にして中央に
　「巻結びの糸の取りつけ方」
　（p.48）で糸A1本を取りつける

2 1段ごとに糸A1本を中央で
　そろえて置き、ピンでとめて
　横巻結び（p.48）を2段結ぶ

3 横巻結びを
　2段結ぶ

4 左右結び（p.47）
　を7回結ぶ

5 糸A1本を芯にし、横巻結び
　を結ぶ。間に糸B6本を
　「二つ折りの糸の取りつけ方」
　（p.50）で取りつける

6 横巻き結びを1段結ぶ。
　5か所は糸を裏側に渡す

7 2本どりでひと結び
　（p.47）を結ぶ

2cm

8 糸を2cmにカットする。糸の撚りをほぐす

※反対側は巻結びを左右対称に結ぶ

Brooch ►P.24（写真中左）

大きな丸と小さな四角の組合せの幾何学調ブローチ。
丸いモチーフは型紙を使って結んでいきます。

◉でき上がりサイズ　約5.5×5.5cm

◉材料
たこ糸＃10（生成）糸A：100cmを4本、
　糸B：120cmを3本、糸C：100cmを1本
ブローチピン（アンティークゴールド）はりつけ用
　リング型 直径3cmを1個

◆丸モチーフの型紙（実物大）

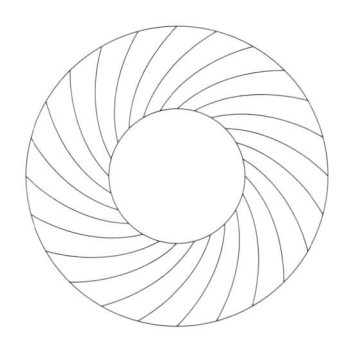

1

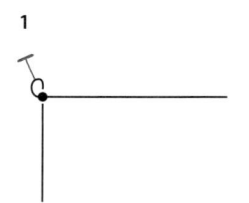

①糸 A1 本の中央をピンでとめ、
　片方を芯にして横巻結び（p.48）

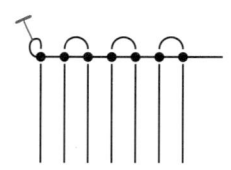

②続けて糸 A3 本を「巻結びの糸の取りつけ方」
　（p.48）で取りつける

◆丸モチーフの記号図

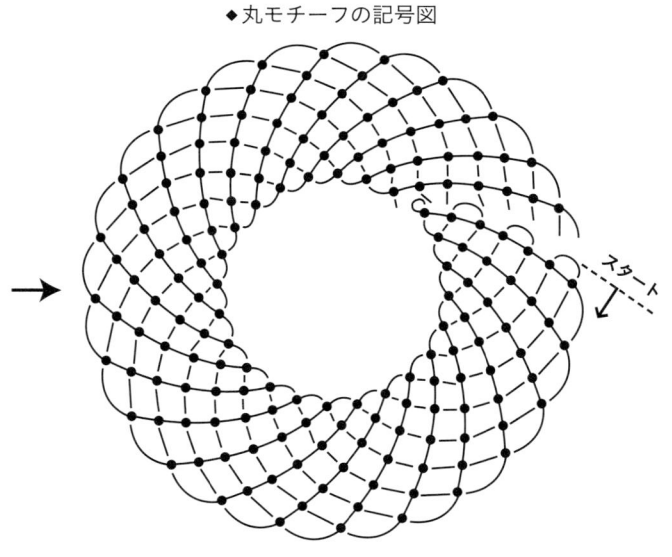

スタート

2 型紙に合わせて横巻結びを 23 段結ぶ
　※型紙の合せ方は p.84 を参照

3 最後の段をスタート部分と突き合わせ、形を整える。
　糸端をスタート部分の結び目の裏にはる

1

①糸 B 1 本の中央をピンでとめ、
片方を芯にして
横巻結び(p.48)

②続けて糸 B 2 本を
「巻結びの糸の取りつけ方」
(p.48)で取りつける

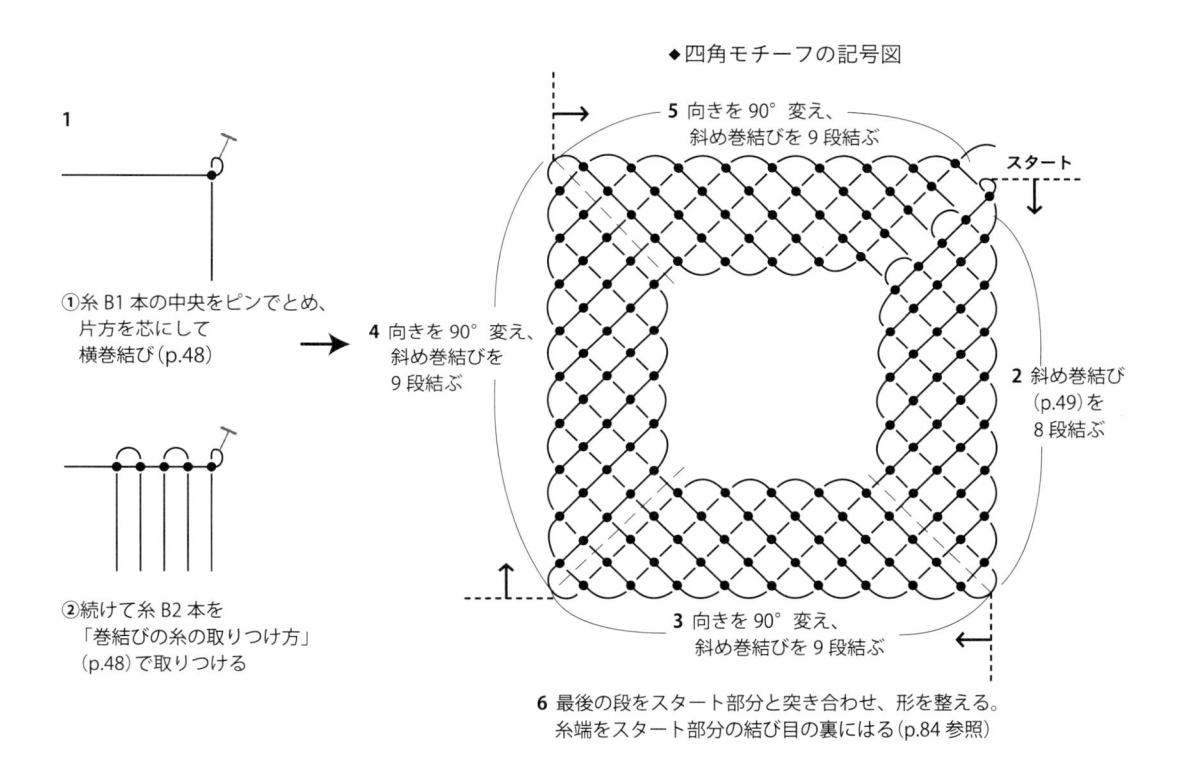

◆四角モチーフの記号図

5 向きを 90°変え、
斜め巻結びを 9 段結ぶ

スタート

4 向きを 90°変え、
斜め巻結びを
9 段結ぶ

2 斜め巻結び
(p.49)を
8 段結ぶ

3 向きを 90°変え、
斜め巻結びを 9 段結ぶ

6 最後の段をスタート部分と突き合わせ、形を整える。
糸端をスタート部分の結び目の裏にはる(p.84 参照)

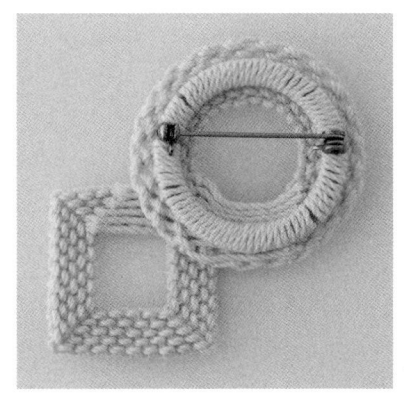

仕立て方　**1** 糸Cをブローチピンのリングに巻きつけ、
巻始めと巻終りの糸端で本結び(p.47)を結ぶ
2 丸モチーフに四角モチーフを接着剤ではる。
丸モチーフの裏側に1のリングを接着剤ではる

Brooch ► P.24（写真中右）

こちらのブローチは大きな四角と小さな丸の組合せ。
P.82,83のブローチと同じ要領で作ります。

● でき上りサイズ　約5×5cm

● 材料
たこ糸＃10（生成）糸A：80cmを3本、
　糸B：150cmを4本、糸C：100cmを1本
ブローチピン（アンティークゴールド）はりつけ用
　リング型　直径3cmを1個

型紙の合せ方

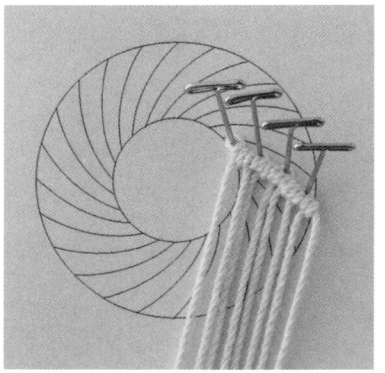

1 糸を取りつけ、型紙の放射線の線にそって
ピンでとめる。

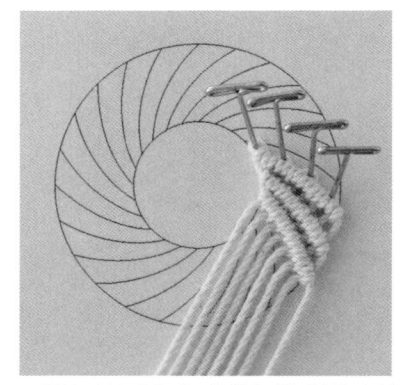

2 型紙の線に合わせて横巻結びを内側から外
側に向かって順に結ぶ。外側の端まで結ん
だら再び内側に戻り、型紙の線にそって結ぶ。

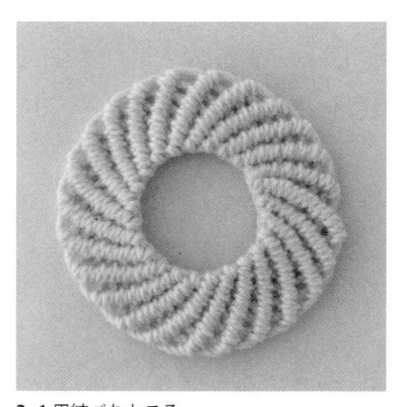

3 1周結べたところ。

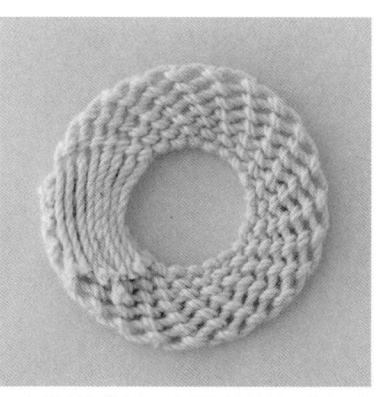

4 糸端は結び始めの裏側に接着剤ではり、乾
いたら短くカットする。

仕立て方

1 糸Cをブローチピンのリング
に巻きつけ、巻始めと巻終り
の糸端で本結び（p.47）を結ぶ

2 四角モチーフに丸モチーフを
接着剤ではる。四角モチーフ
の裏側に1のリングを接着剤
ではる

◆丸モチーフの型紙（実物大）

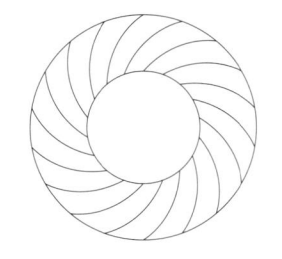

84

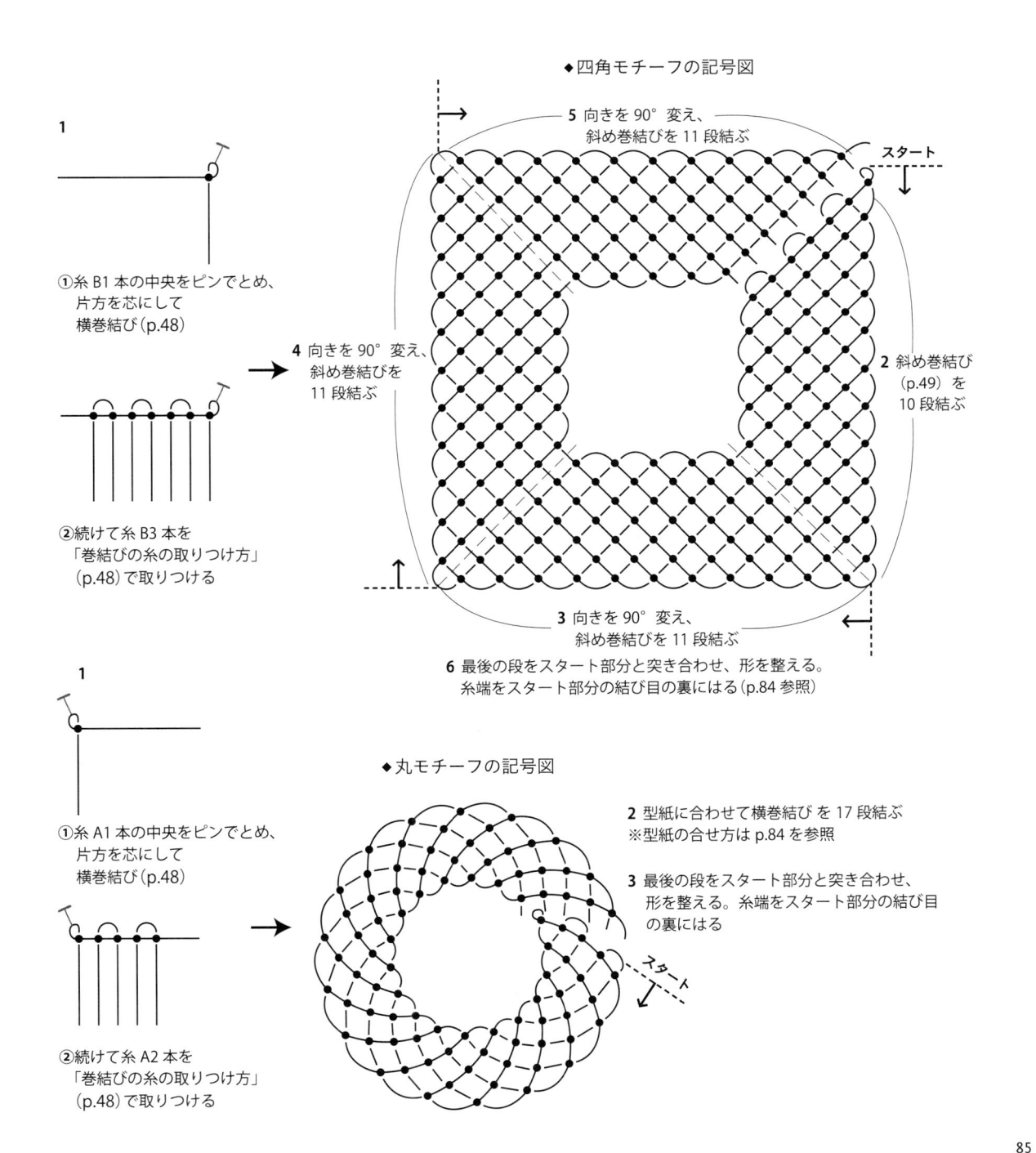

1

①糸 B1 本の中央をピンでとめ、
　片方を芯にして
　横巻結び（p.48）

②続けて糸 B3 本を
　「巻結びの糸の取りつけ方」
　（p.48）で取りつける

4 向きを 90°変え、
　斜め巻結びを
　11 段結ぶ

◆四角モチーフの記号図

5 向きを 90°変え、
　斜め巻結びを 11 段結ぶ

スタート

2 斜め巻結び
　（p.49）を
　10 段結ぶ

3 向きを 90°変え、
　斜め巻結びを 11 段結ぶ

6 最後の段をスタート部分と突き合わせ、形を整える。
　糸端をスタート部分の結び目の裏にはる（p.84 参照）

1

①糸 A1 本の中央をピンでとめ、
　片方を芯にして
　横巻結び（p.48）

②続けて糸 A2 本を
　「巻結びの糸の取りつけ方」
　（p.48）で取りつける

◆丸モチーフの記号図

2 型紙に合わせて横巻結び を 17 段結ぶ
　※型紙の合せ方は p.84 を参照

3 最後の段をスタート部分と突き合わせ、
　形を整える。糸端をスタート部分の結び目
　の裏にはる

スタート

Bag ▸P.27

＊作品説明、でき上りサイズ、材料はp.88参照

1 糸B1本を芯にして「巻結びの糸の取りつけ方」
（p.48）で糸A60本を取りつける。
p.40を参照し、芯を重ね筒状にする

2 糸B2本を足して横巻結び（p.48）を
2段結ぶ。p.40を参照し、芯を重ね
筒状にする。芯を重ねる部分は段ごとに
ずらす

3 平結び（p.46）を
図を参照しながら
筒状に結ぶ

4 平結び1回の七宝結びを
筒状に16段結ぶ。脇部分
の4か所は15段まで結ぶ

5 底を裏側で本結び（p.47）し、
結び目を接着剤でとめる。
乾いたら糸端をカットする

◆記号図

6 糸Bの糸端を
ぎりぎりでカットする

7　25cm

スタート

数字は段数の数

糸B

脇

一模様

★

数字: 1, 2, 3, 4, 5, 6, 7, 8, 9, 10, 11, 12, 13, 14, 15, 16

脇のまち部分は裏返して
矢印どうしを結ぶ

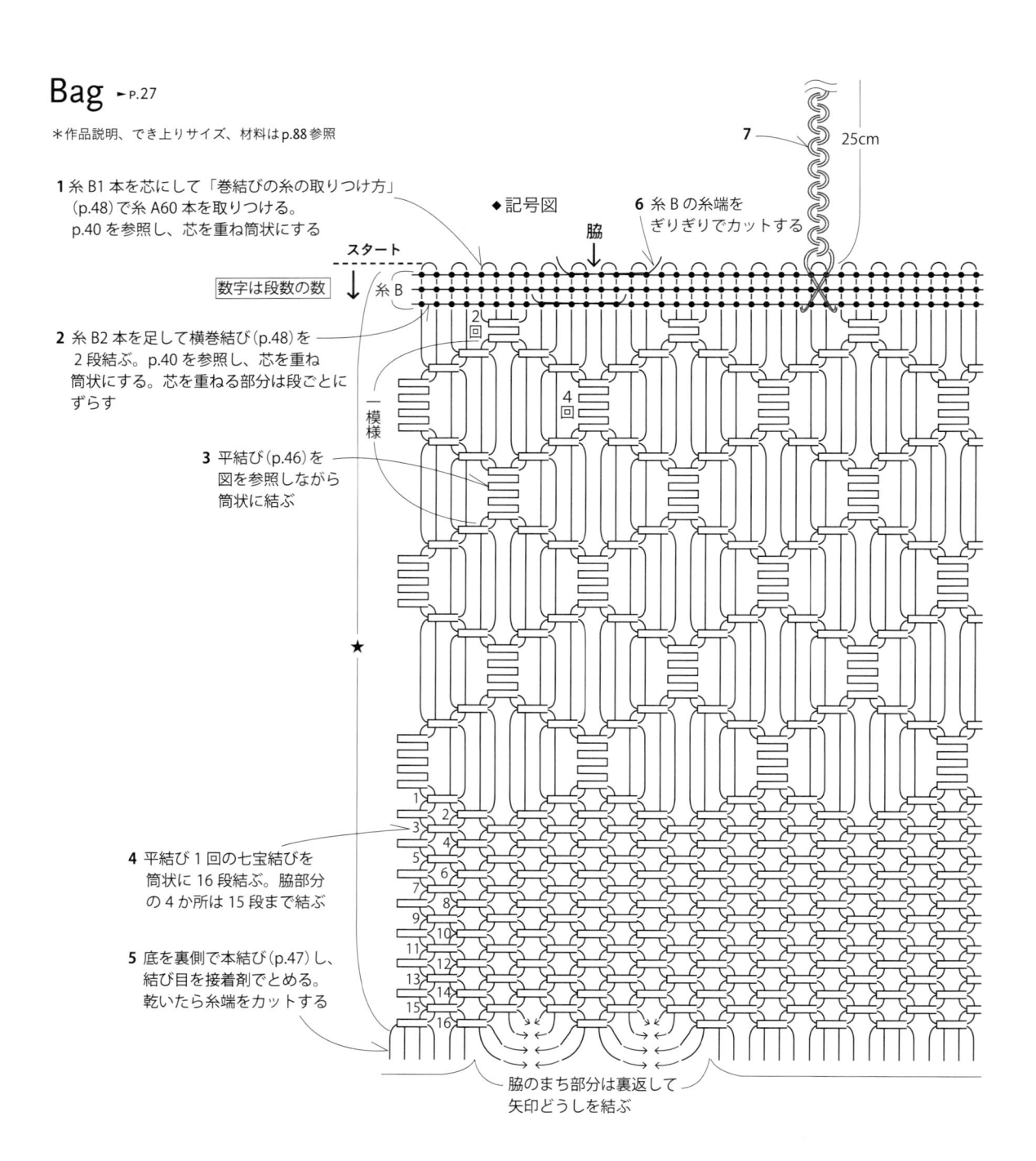

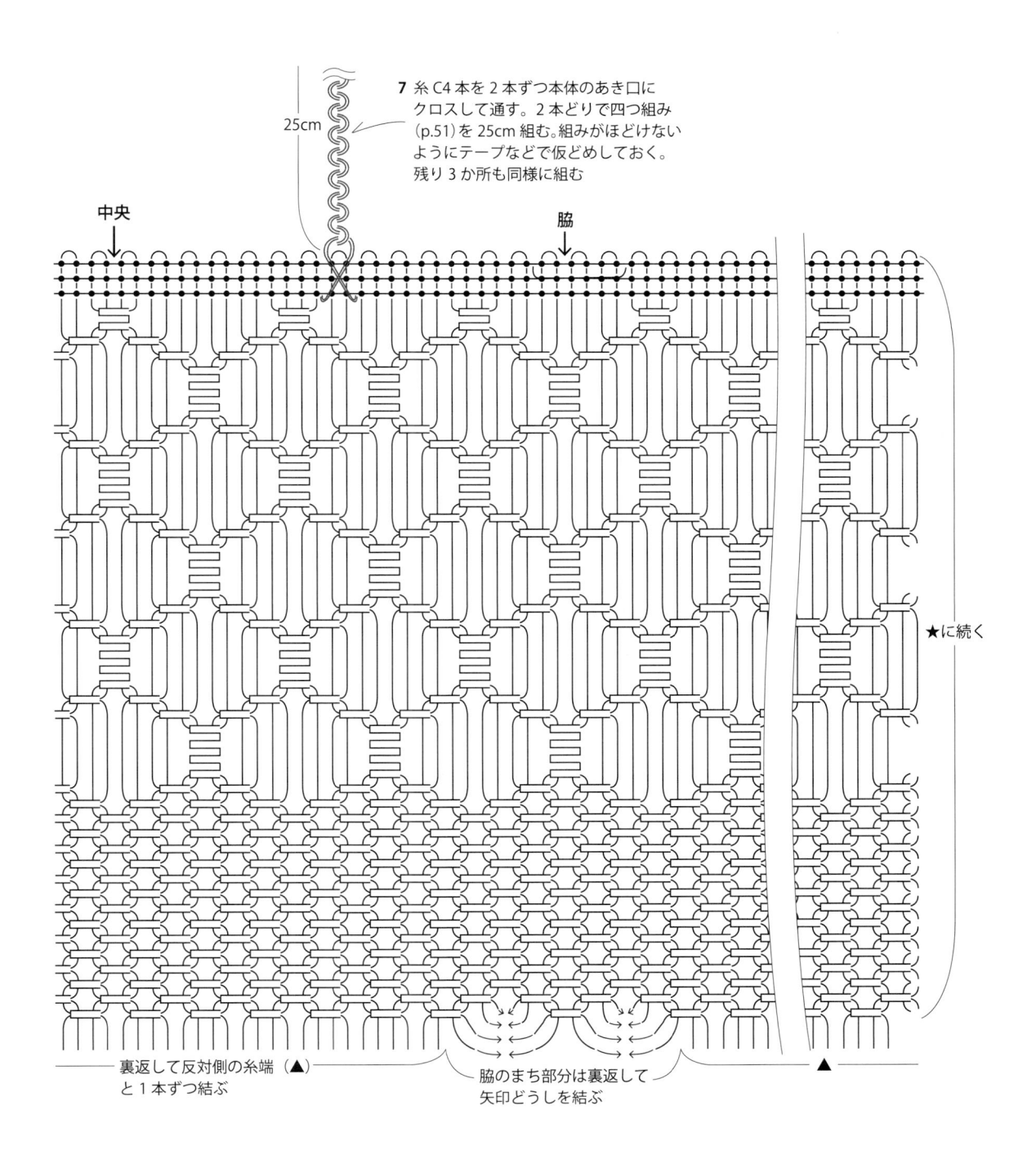

7 糸C4本を2本ずつ本体のあき口に
クロスして通す。2本どりで四つ組み
（p.51）を25cm組む。組みがほどけない
ようにテープなどで仮どめしておく。
残り3か所も同様に組む

25cm

中央　　　　　　　　　　　　脇

★に続く

裏返して反対側の糸端（▲）
と1本ずつ結ぶ

脇のまち部分は裏返して
矢印どうしを結ぶ

▲

Bag ► P.27

ハニカム（蜂の巣）パターンの筒状に作っていくタイプのバッグです。
30×50cmのマクラメボードがきっちり入るサイズなので、
ボードをくるむようにぐるりと作り進むときれいに仕上がります。
上部のハニカムパターンから七宝結びに切り替わるところは、
結びの間隔に少し余裕を持たせると
バッグの形が均等にきれいに仕上がります。

◉ でき上りサイズ　図参照

◉ 材料
コットンコード・ソフト3（生成・271）
　糸A：250cmを60本、糸B：100cmを3本、
　糸C：150cmを16本、糸D：220cmを2本

＊作り方はまず、p.86,87の手順1〜7を参照してください。

8 7の仮どめを外し、四つ組みした糸端を左右から10cm重ね、
　　糸D1本でまとめ結び（p.47）を10cm結ぶ。
　　糸端をカットする。もう片面も同様に結ぶ
※まとめ結びを長く結ぶ場合は、最後にAの糸端を引くのが難しいので
（「まとめ結び」3の工程）最初に巻く時にAの糸端を
巻く中に入れず、外側によけて巻く。巻く長さが残り2、3cmに
なったらAの糸端を巻く中に入れるとAの糸端を楽に引くことができる

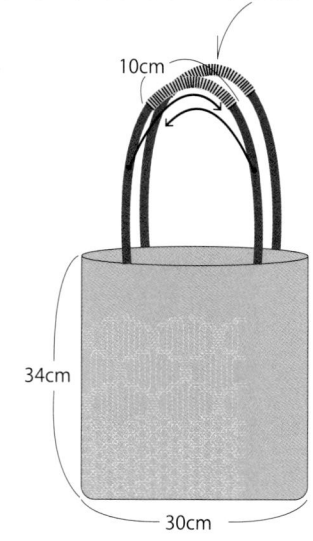

10cm

34cm

30cm

Bag ►P.31

左右結びと斜め巻結びの組合せで
縄文の模様のようなデザインのバッグ。
筒状に作っていくタイプで丸い底も結びで作っています。
上下3段の横巻結びは、輪にした芯をしっかりと引き締めて、
バッグの形をキープできるようにします。

◉ でき上がりサイズ　図参照

◉ 材料
たこ糸 # 30（生成）
　糸A：320cmを84本、糸B：100cmを6本、
　糸C：180cmを16本、糸D：100cmを4本

＊作り方はp.90〜92を参照してください。

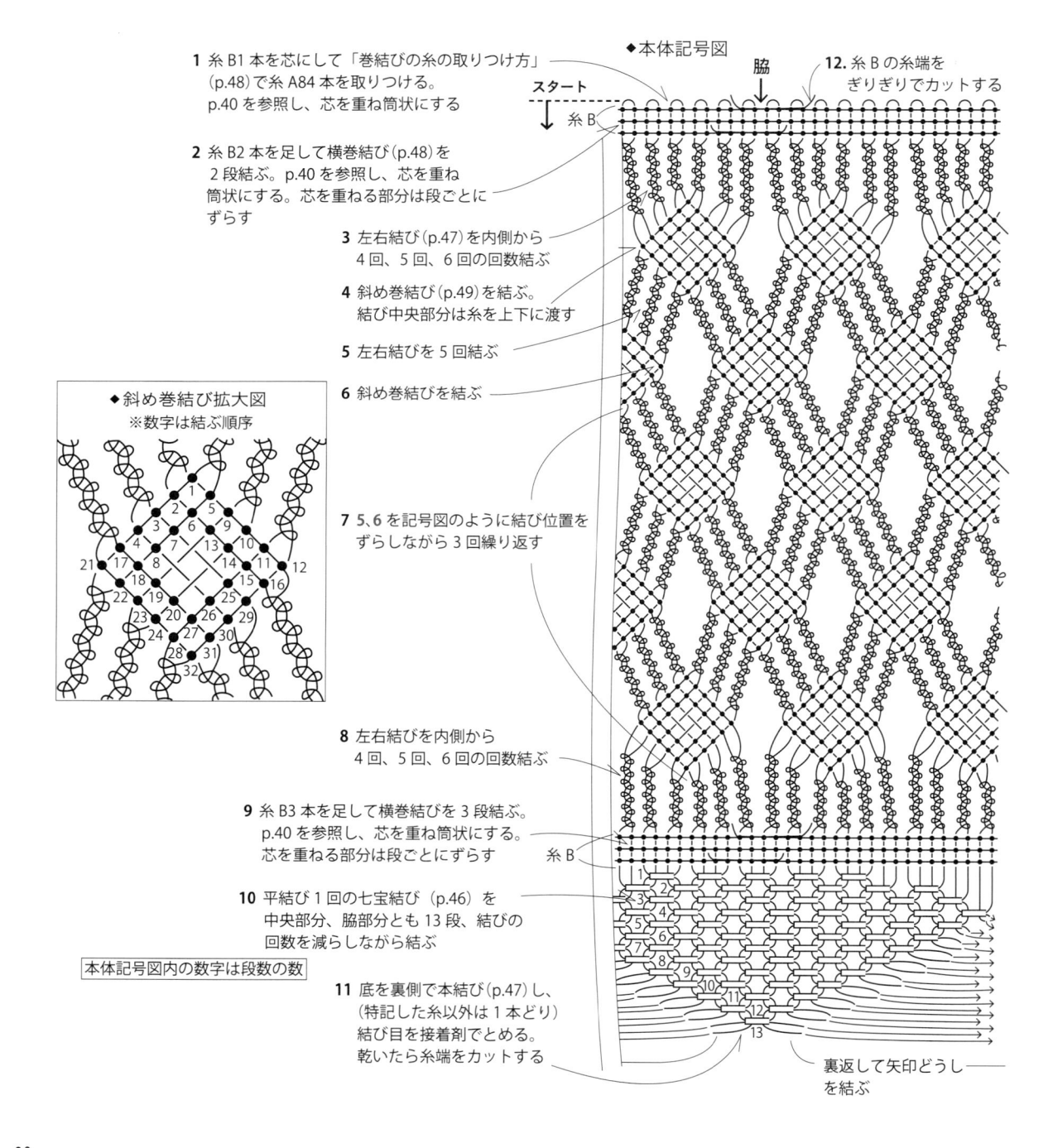

1 糸 B1 本を芯にして「巻結びの糸の取りつけ方」
（p.48）で糸 A84 本を取りつける。
p.40 を参照し、芯を重ね筒状にする

2 糸 B2 本を足して横巻結び（p.48）を
2 段結ぶ。p.40 を参照し、芯を重ね
筒状にする。芯を重ねる部分は段ごとに
ずらす

3 左右結び（p.47）を内側から
4 回、5 回、6 回の回数結ぶ

4 斜め巻結び（p.49）を結ぶ。
結び中央部分は糸を上下に渡す

5 左右結びを 5 回結ぶ

6 斜め巻結びを結ぶ

◆斜め巻結び拡大図
※数字は結ぶ順序

7 5、6 を記号図のように結び位置を
ずらしながら 3 回繰り返す

8 左右結びを内側から
4 回、5 回、6 回の回数結ぶ

9 糸 B3 本を足して横巻結びを 3 段結ぶ。
p.40 を参照し、芯を重ね筒状にする。
芯を重ねる部分は段ごとにずらす

10 平結び 1 回の七宝結び（p.46）を
中央部分、脇部分とも 13 段、結びの
回数を減らしながら結ぶ

本体記号図内の数字は段数の数

11 底を裏側で本結び（p.47）し、
（特記した糸以外は 1 本どり）
結び目を接着剤でとめる。
乾いたら糸端をカットする

◆本体記号図

脇

スタート

糸 B

12. 糸 B の糸端を
ぎりぎりでカットする

糸 B

裏返して矢印どうし
を結ぶ

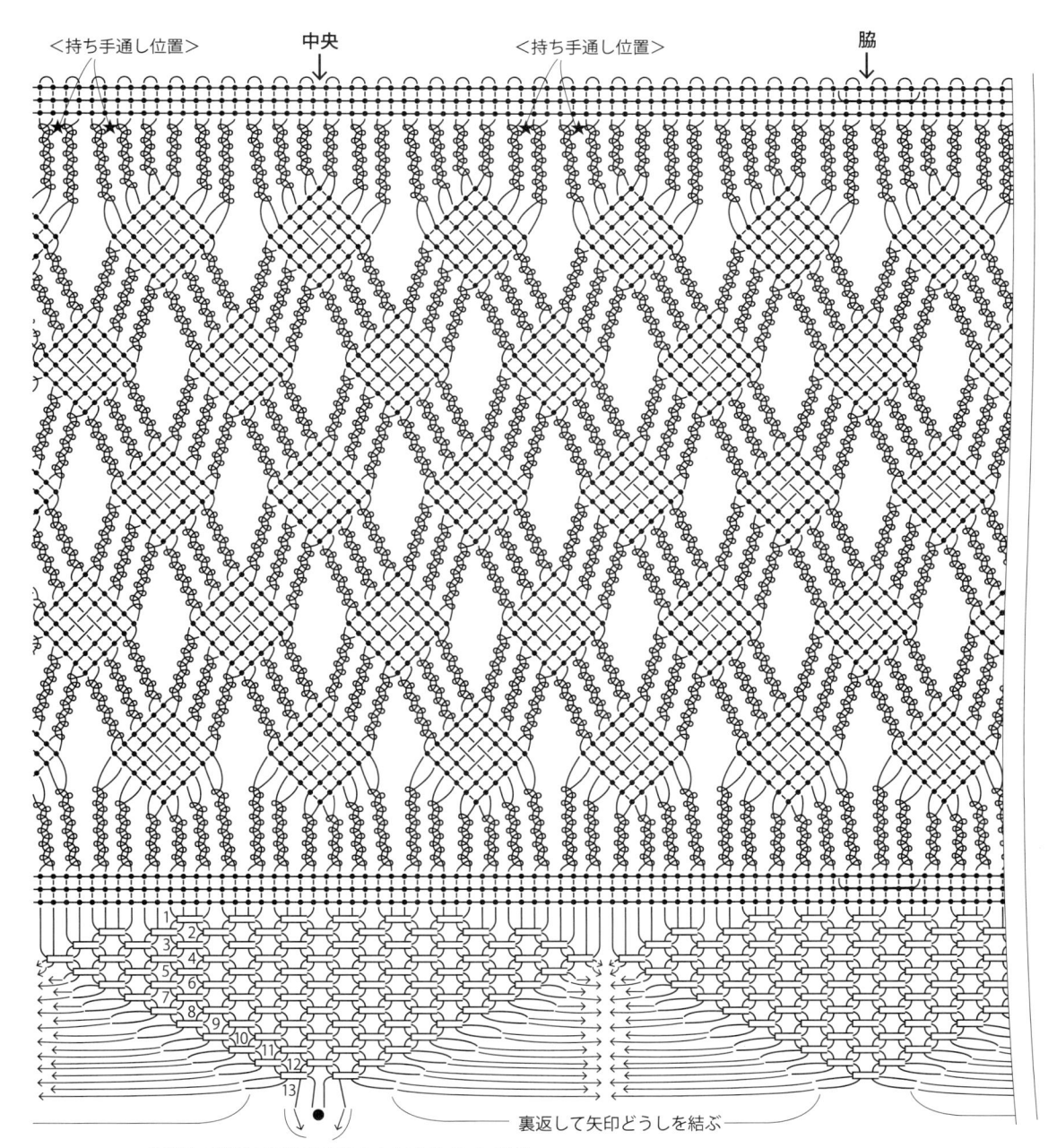

<持ち手通し位置>　　中央　　　<持ち手通し位置>　　　脇

裏返して●は反対側の中央2本と結ぶ（2本どり）
両脇の矢印は反対側の糸とそれぞれ結ぶ（1本どり）

裏返して矢印どうしを結ぶ

◆持ち手記号図

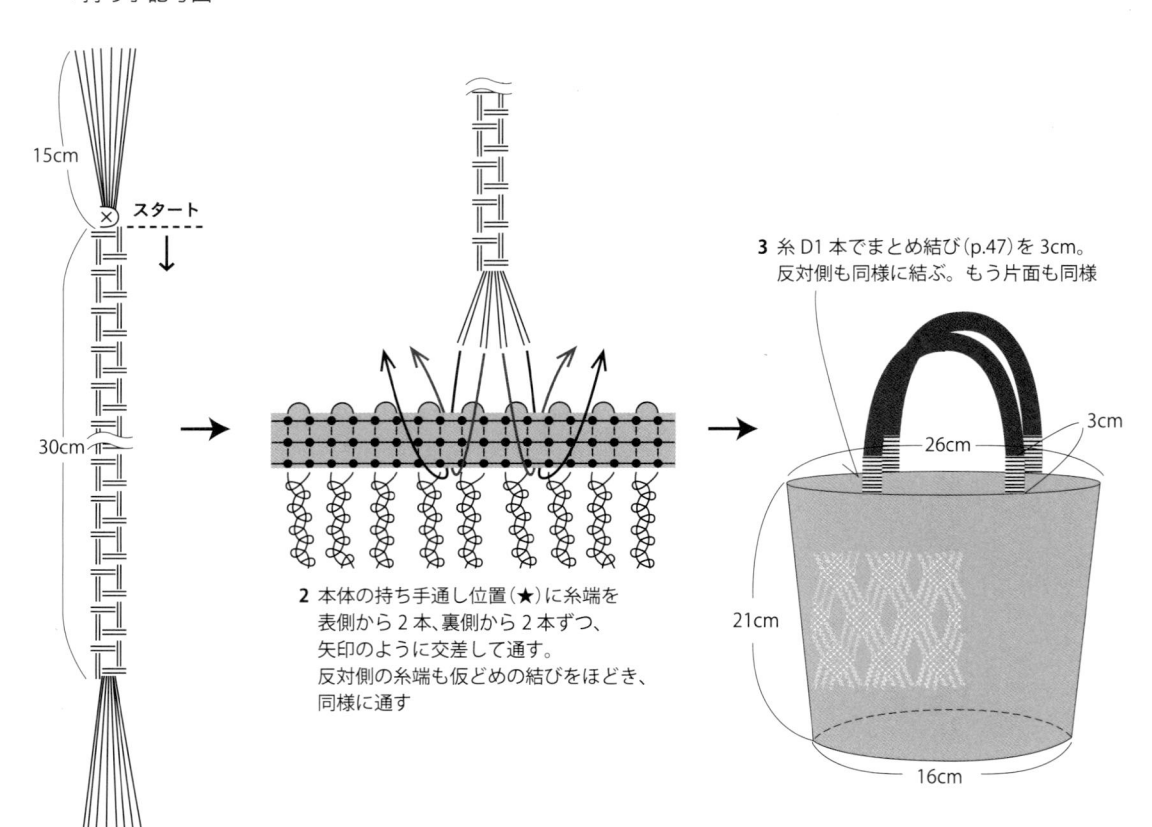

15cm

スタート

30cm

3 糸 D1 本でまとめ結び(p.47)を 3cm。
反対側も同様に結ぶ。もう片面も同様

3cm

26cm

21cm

16cm

2 本体の持ち手通し位置(★)に糸端を
表側から 2 本、裏側から 2 本ずつ、
矢印のように交差して通す。
反対側の糸端も仮どめの結びをほどき、
同様に通す

1 糸 C8 本の端をそろえて束ね、
15cm 残して仮どめ（ひと結び p.47）。
2 本どりで丸四つだたみ(p.51)
を 30cm 結ぶ。2 本作る

Tapestry ← P.32

流木に糸を取りつけて結んだタペストリー（a写真左、b写真右）。
流木はできるだけまっすぐなものを選んでください。
または木の丸棒を利用しても。
木に糸を取りつけたあと、マクラメボードに木が引っかかるように
左右にピンをとめて固定し、結び始めます。

◉でき上りサイズ　（つり糸、流木の長さ除く）
a 約27×53cm
b 約25×49cm

◉材料
コットンコード・ソフト3（生成・271）
a 糸A：280cmを2本、糸B：240cmを6本、糸C：220cmを12本、
　糸D：200cmを4本、つり糸：130cmを1本
b 200cmを26本、つり糸：130cmを1本
＜共通＞
流木　1本

＊作り方はp.94,95を参照してください。

糸について

この本の作品に使用した糸（p.33参照）の詳細です。糸はすべてメルヘンアート（p.96）。

✤たこ糸小巻　コットン100％
#10　太さ約1mm／1玉の長さ　約198m
#20　太さ約1.3mm／1玉の長さ　約122m
#30　太さ約1.6mm／1玉の長さ　約79m
#40　太さ約2mm／1玉の長さ　約65m

✤コットンスペシャル　コットン100％
太さ約2mm／1カセの長さ　30m
太さ約3mm／1カセの長さ　30m

✤コットンコード・ソフト3　コットン100％
太さ約3mm／1カセの長さ　28m

✤コットンコード・ソフト5　コットン100％
太さ約4mm／1カセの長さ　27m

✤ジュートフィックス　レーヨン60％、植物繊維（黄麻）40％
細タイプ　太さ約2mm／1玉の長さ　約55m
極細タイプ　太さ約1mm／1玉の長さ　約110m

✤ミサンガ糸（みんなでつくろう！Misanga!!）　コットン100％
1巻きの長さ　5m

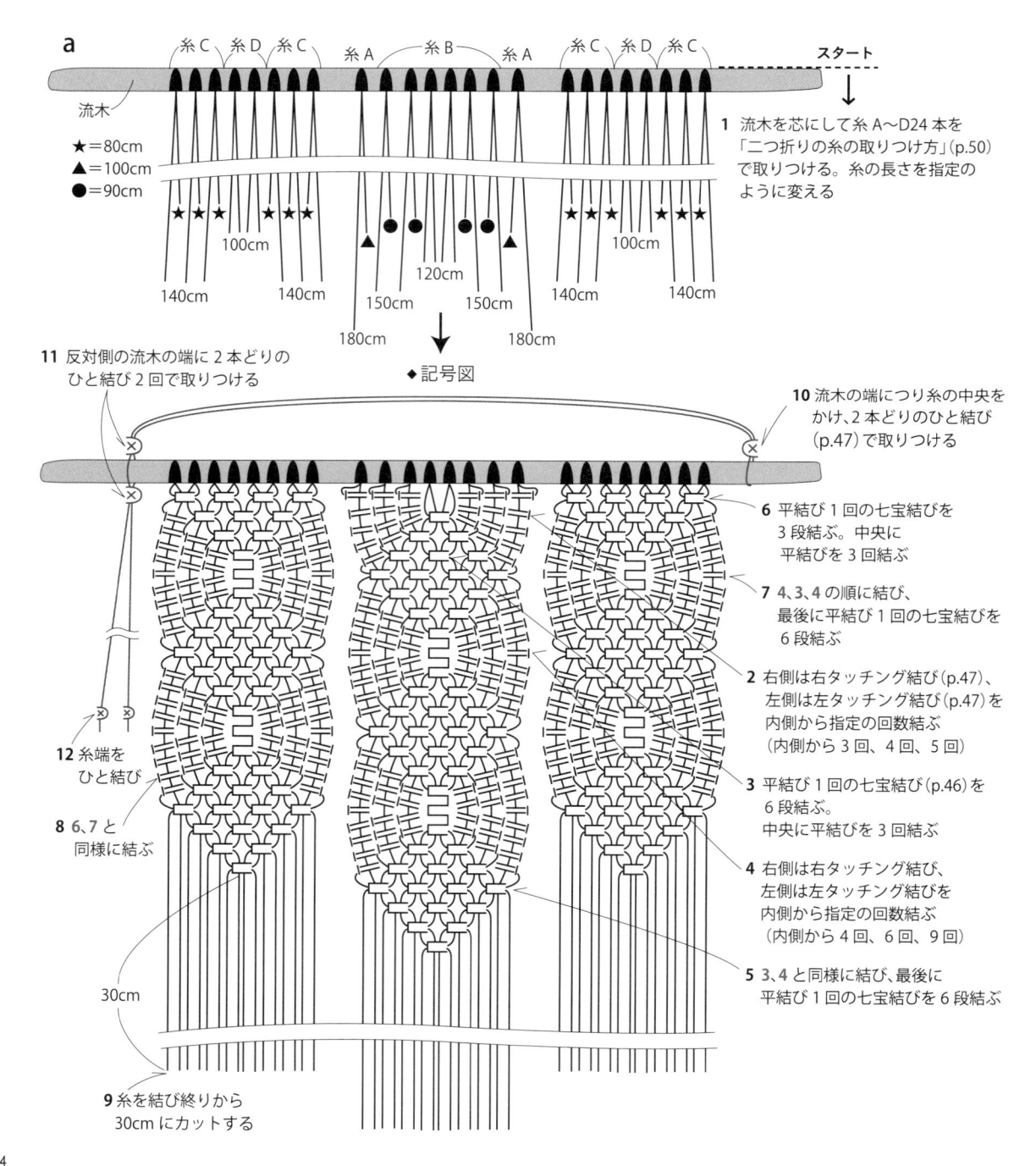

a

糸C 糸D 糸C　糸A　糸B　糸A　糸C 糸D 糸C　　スタート

流木

★＝80cm
▲＝100cm
●＝90cm

★ ★ ★　★ ★ ★
100cm
　　● ● ●　● ●
▲　　120cm　　▲
140cm　　140cm　150cm　150cm　140cm　140cm
★ ★ ★　★ ★ ★
100cm

180cm　　　　　180cm

◆記号図

1 流木を芯にして糸A〜D24本を
「二つ折りの糸の取りつけ方」(p.50)
で取りつける。糸の長さを指定の
ように変える

11 反対側の流木の端に2本どりの
ひと結び2回で取りつける

10 流木の端につり糸の中央を
かけ、2本どりのひと結び
(p.47)で取りつける

12 糸端を
ひと結び

8 **6**、**7**と
同様に結ぶ

30cm

9 糸を結び終りから
30cmにカットする

6 平結び1回の七宝結びを
3段結ぶ。中央に
平結びを3回結ぶ

7 **4**、**3**、**4**の順に結び、
最後に平結び1回の七宝結びを
6段結ぶ

2 右側は右タッチング結び(p.47)、
左側は左タッチング結び(p.47)を
内側から指定の回数結ぶ
(内側から3回、4回、5回)

3 平結び1回の七宝結び(p.46)を
6段結ぶ。
中央に平結びを3回結ぶ

4 右側は右タッチング結び、
左側は左タッチング結びを
内側から指定の回数結ぶ
(内側から4回、6回、9回)

5 **3**、**4**と同様に結び、最後に
平結び1回の七宝結びを6段結ぶ

b

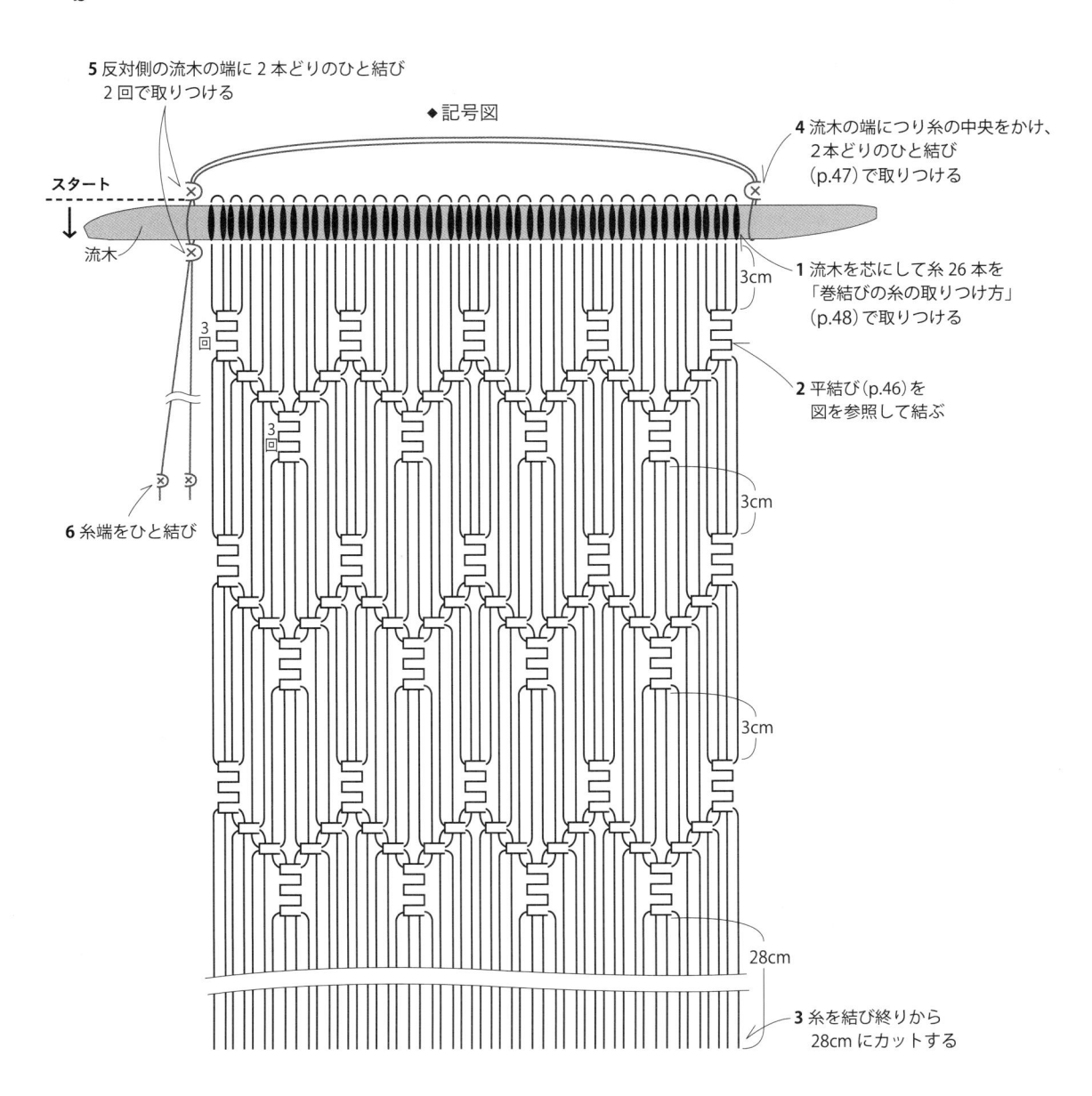

5 反対側の流木の端に 2 本どりのひと結び
2 回で取りつける

◆記号図

4 流木の端につり糸の中央をかけ、
2 本どりのひと結び
(p.47)で取りつける

スタート

流木

3 回

1 流木を芯にして糸 26 本を
「巻結びの糸の取りつけ方」
(p.48)で取りつける

3cm

2 平結び(p.46)を
図を参照して結ぶ

3 回

3cm

6 糸端をひと結び

3cm

28cm

3 糸を結び終りから
28cm にカットする

松田紗和　Matsuda Sawa

手芸作家

クラシックレースの技法をベースにアクセサリーやバッグなどを製作。
マクラメレースには2010年から取り組み、生成りやベージュなどナチュラルな色の糸を使い、
さまざまな結びを取り入れた繊細な作品に定評がある。
ギャラリーやショップでの展示、イベントなどで作品を発表するほか、クラシックな技法のレースを、
今の生活にも違和感なく取り入れられる形にするための模索を続けている。
著書に『マクラメレースのアクセサリー』（文化出版局）がある。
ブログ http://tayumazuni.exblog.jp　インスタグラム @matsuda_sawa_lace

ブックデザイン　縄田智子　佐藤尚美　L'espace
撮影　三木麻奈
スタイリング　串尾広枝
ヘア＆メイク　高野智子
モデル　チバユカ
作り方解説　田中利佳
トレース　田中利佳　薄井年夫
プロセス撮影　安田如水（文化出版局）
校閲　向井雅子
編集　小山内真紀
　　　大沢洋子（文化出版局）

＜材料提供＞
糸、道具（一部）
○メルヘンアート
〒130-0015 東京都墨田区横網2-10-9
TEL 03-3623-3760 http://www.marchen-art.co.jp

＜撮影協力＞
○GALLERY みずのそら

＜衣装協力＞
○nooy
〒103-0012　東京都中央区日本橋堀留町1-2-9-3F
TEL 03-6231-0933 http://www.nooy.jp/nooy2/
（p.11 カットソー、スカート、p.16 ブラウス、p.21 コート、
p.29 ワンピース、p.30 ワンピース）

○TIDEWAY
〒150-0001 東京都渋谷区神宮前6-12-2 KTビル1F
TEL 03-6427-2492 http://sanki-net.co.jp
（p.8 バッグ）

Macrame Accessories and Bags

マクラメレース 結びのデザイン

2018年7月8日　第1刷発行
2022年5月25日　第2刷発行

著　者　松田紗和
発行者　濱田勝宏
発行所　学校法人文化学園 文化出版局
　　　　〒151-8524　東京都渋谷区代々木3-22-1
　　　　電話 03-3299-2489（編集）
　　　　　　 03-3299-2540（営業）
印刷・製本所　株式会社文化カラー印刷

文化出版局のホームページ　https://books.bunka.ac.jp/